FOTOGRAFIA DAS IMAGENS DA AURA
Olhando as Cores de sua Aura

Dados Internacionais de Catalogação na Publicação (CIP)
(Câmara Brasileira do Livro, SP, Brasil)

Fisslinger, Johannes
    Fotografia das imagens da aura : olhando as cores
de sua aura : introdução à teoria e à prática de fotografar
as imagens da aura / Johannes Fisslinger ; tradução
José Ricardo Amaral de Souza Cruz. – São Paulo :
Ícone, 2000.

    Título original: Aura visionen.
    Bibliografia.
    ISBN 85-274-0600-4

    1, Aura 2. Cores 3, Fotografia 4. Fotografia Kirlian
I. Título.

00-0264   CDD-133.892

Índices para catálogo sistemático:

1. Aura : Imagens : Fotografias : Parapsicologia   133.892
2. Fotografia da aura : Parapsicologia   133.892
3. Imagens da aura : Fotografia : Parapsicologia   133.892

Johannes Fisslinger

FOTOGRAFIA DAS IMAGENS DA AURA
Olhando as Cores de sua Aura

Introdução à Teoria e à Prática de Fotografar
as Imagens da Aura

Tradução
José Ricardo Amaral de Souza Cruz

© Copyright 2000.
Ícone Editora Ltda.

Título Original: *Aura Visionen*

Direitos exclusivos para a Língua Portuguesa cedidos por
MARINA DEL REY CA. USA.
Representante no Brasil
LEOPOLDO KNEIT - Rio de Janeiro

Tradução
José Ricardo Amaral de Souza Cruz
da edição em inglês "Aura Imaging Photography"

Capa
Andréa Magalhães da Silva

Diagramação
Rosicler Freitas Teodoro

Revisão
Antônio Carlos Tosta

Proibida a reprodução total ou parcial desta obra,
de qualquer forma ou meio eletrônico, mecânico,
inclusive através de processos xerográficos,
sem permissão expressa do editor
(Lei nº 5.988, 14/12/1973).

Todos os direitos reservados pela
ÍCONE EDITORA LTDA.
Rua das Palmeiras, 213 — Sta. Cecília
CEP 01226-010 — São Paulo — SP
Tels./Fax.: (011) 3666-3095

Índice

Agradecimentos 7
Prólogo 9

I.   Nova tecnologia 11
      Tudo começou quando 15
      O hospital do futuro 17

II.   A eletrofotografia 19
      Foto Kirlian 19
      Fotografia das imagens da aura 22
      Desenvolvimento da câmera de aura 24

III. Eletricidade e magnetismo 27
      De onde vem a eletricidade? 28
      Espectro de freqüência 34
      Freqüências mais altas 35
      Percepção visual do espectro eletromagnético 37
      Indução mútua e ressonância 38
      Campos vibratórios nos humanos 40

IV. O plano físico 45
      Matéria sólida e sutil 46
      Plano estrutural da matéria física 49
      Biocampo e corpo etérico 51

V.	O campo eletromagnético humano	53
	Como se forma a aura	53
	O espectro da consciência	54
VI.	As cores e os chacras	57
	Os centros de energia do corpo	57
	Chacras e consciência	61
	Significado dos chacras	61
	Cores e consciência	70
	A cor do espectro	70
	Terapia pela cor	72
	Significado das cores	74
	As cores da aura	82
	A forma da aura	85
	Alterações da aura	85
VII.	Fotografia da aura	91
	Fotografia Kirlian	91
	Fotografia da aura	97
	Desenvolvimento da câmera de aura	98
VIII.	Fotos da aura com sua interpretação	101
	Como interpretar uma foto da aura	119
Bibliografia		123

Agradecimentos

Desejo expressar meu amor e gratidão à todas as pessoas que me auxiliaram na publicação deste livro.

Meus agradecimentos especiais vão para Martina, minha editora alemã e a Guy Coggins por seu apoio técnico.

Meu apreço é especialmente dirigido ao Dr. Balaji Tambe, Dr. Fred Bell e outros mestres inspirados, que ajudaram meu crescimento.

Prólogo

A criatividade, associada às artes e à ciência, normalmente associada à pesquisa, pode e deve trabalhar em conjunto, dando surgimento à fronteiras tecnológicas cada vez mais novas. Estas fronteiras, se ampliando a partir dos antigos limites, criam tecnologias recombinadas, que parecem tão óbvias e naturais à "compreensão". Estar na crista da onda das novas fronteiras tecnológicas, geralmente é excitante e estimulante, parecendo um pouco como surfar ao crepúsculo que antecede a aurora, correndo um risco inerente, mas ganhando terreno e avançando sobre as sinergias anteriormente pouco utilizadas da inventiva passada. A Teoria de Imagens de Biofeedback é uma destas tecnologias emergentes, recombinada na forma, utilizando peças de tecno-sapiência, que antes eram relativamente padronizadas em combinações nunca havidas. Isto é criação durante a montagem.

A habilidade em retratar os fenômenos invisíveis através das funções de transformação que se operam com precisão matemática das ciências físicas, pode se unir à descoberta de um interruptor de luz num quarto, contrastando com uma série infindável de especialidades. A dádiva da luz na escuridão cria a oportunidade para este grupo, de acelerar o processo de exploração e ao mesmo tempo, de permitir o acesso, apreciação e utilização desse tipo de ponto de vista pelos não especialistas. A tecnologia tem precursores mais invasivos, Roentgenologia, Radiologia e tecnologias menos invasivas NMR e de Imagem Ultrassônica. Aliado a isso, a amplitude de utilidade e impacto cruzado durante o período de intracepção, pode ser somente uma questão de difíceis conjecturas. Entretanto, como nova ferramenta, estas conjecturas podem ser apenas subestimadas.

Bem-vindos a uma nova fronteira tecnológica. Este livro pode ser visto como uma espécie de boas-vindas aos pesquisadores que estão surgindo, semelhantes a especialistas na busca por novas ferramentas e metodologias a fim de aumentar e suplementar as implementações em voga.

Dr. John Start
Diretor aposentado em Radiologia Clínica
Palmer College, Oeste, Quiropraxia

I. Nova tecnologia

Meus dois amigos e eu, passeamos pelo laboratório de detecção de alta voltagem. O odor de ozônio se espalha pelo ar. Uma bobina Tesla enorme, de 1,80m, se apresenta com milhares de faíscas em direção a um disco de metal coberto de plástico por mais de 1m ao redor. Há estantes de livros com títulos como *Arco de Alta Voltagem, Manual de Engenharia.* Há mesas carregadas com circuitos, inúmeros fios coloridos e aparelhos estranhos. Há técnicos juntos fazendo solda, enquanto num canto se vê uma mulher com fios de "biofeedback" colados à fronte, com duas bandagens arredondadas pregadas à testa, com fios conectados a um computador. A tela está cheia de cores que mudam de maneira selvagem enquanto ela faz um jogo da velha com o computador. Defronte a nós está uma cadeira de frente para um projetor com um projetor de vídeo focalizando a tela do outro lado da sala. Um dos técnicos, com guarda-pó branco, me pergunta se eu gostaria de ver minha aura e me leva até a cadeira. Eu me sento, e coloco as mãos nos dois sensores que parecem ter saído de um filme de ficção científica: dois pedestais brancos polidos, com muitas faixas metálicas pequenas, feitas para se ajustar à minha mão com exatidão. Olho então para um espelho comum, do outro lado da sala, e vejo meu reflexo com lindas faixas de uma cor brilhante amarelada. De dentro do computador sai alta uma voz que parece mecânica: "Amarelo, muito intelectual" e se cala em seguida. Sombras vibrantes parecem dançar de forma mágica em torno da minha cabeça. Alguém menciona o nome de uma pessoa com quem tenho ligações emocionais. As cores rapidamente explodem de maneira caótica, à simples menção do nome. Meus amigos ficam perto de mim, um de cada lado, e eu começo a caminhar. As cores mudam para verde à medida que caminho em direção a meu amigo Guy Coggins, o inventor, e então mudam para amarelo quando meu outro amigo começa a rir. Eu sinto como se minhas emoções estivessem sendo mostradas em Technicolor como num filme, embora as cores demorem um pouco a mudar em relação às minhas emoções do momento. Quanto mais rápido eu mudasse minha atenção de um indivíduo para o outro, mais rápido as cores mudavam. Logo eu me senti confortável e senti um contentamento em estar com meus amigos. Um novo nível de franqueza interpessoal está emergindo neste laboratório estimulante. Vejo a cor que me rodeia refletir a cor da fotografia da aura da pessoa com quem estou falando. Tenho as mesmas cores! Estou ficando com as cores da pessoa com quem estou falando!

Começo a sonhar de olhos abertos e posso ver as cores que se seguem à cada mudança de pensamento. Se eu me imagino num belo jardim, as cores mudam para azul e verde claros. Quando penso no calor do sol, as cores mudam para amarelo.

Meu amigo me pergunta se quero experimentar um estado de meditação profunda e me manda relaxar, a fim de que a cor da tela possa mudar para um intenso azul índigo. No mesmo instante as cores mudam para água-marinha. Relaxo mais um pouco e logo estou flutuando num estado sem pensamentos, em alfa, e meu diálogo interior continua. Uma unidade, uma sensação de sonho, toma conta de mim e eu me sinto extremamente relaxado. Quando me levanto, me sinto despreocupado, me sinto leve e em paz. Sinto-me como que banhado em luz azul. Deixo a tela para trás e sinto a luz azul ao meu redor.

O inventor, Guy Coggins, nos explica, então, de maneira simplificada como tudo aquilo funciona. Ele retira o filme e levanta a tela para mostrar uma imensa caixa de circuitos com centenas de pequenos tentáculos arredondados de cerca de ½ polegada de diâmetro. Ele explica como cada um deles naquela malha, representa a mesma área no monitor de vídeo. Ele coloca sua mão num dos pedestais plásticos explicando como cada contato de metal na palma da mão representa um ponto de acupuntura, com cada ponto individualmente correspondendo a uma parte do corpo. Esta informação é usada para formar parte da imagem, e a fim de fazê-la se mover, fazemos reproduções em rádio. A energia do rádio é transmitida à minha mão pelos mesmos contatos de metal usados para diferenciar os pontos de acupuntura. A freqüência do rádio passa pelo meu corpo, diz ele, fazendo com que ele se torne uma antena transmissora, como um telefone portátil. Há ondas de energia que se irradiam do meu corpo em todas as direções. Algumas das ondas de rádio são captadas pela malha de imagens da antena receptora.

O Sr. Coggins, então, passa a mão pela frente da tela. Podemos ver o perfil de sua mão no monitor. Guy explica que estamos vendo a sombra da aura como um raio x. Ele pede a duas pessoas que se sentem em frente ao sensor e ao mesmo tempo explica que se duas pessoas se sentem bem, uma em relação à outra, a resistência elétrica do lado do corpo mais próximo à pessoa admirada irá diminuir, e isso causa o fluxo de energia. Podemos ver claramente o campo do vídeo em que as duas pessoas se unem como uma fava colorida. Ele prossegue, para dizer que, se as pessoas não se gostam, o campo irá se repelir. Como no caso da atração, ele diz. Se uma for dominada pela outra, pode-se ver o campo de energia da mais forte atingir e às vezes envolver a receptiva.

O sistema de imagens do futuro será capaz de nos ouvir, assim como falar e será capaz de manter uma conversação com o esquema de imagens da aura. A unidade de "biofeedback" computadorizado pode ser de ajuda na terapia, assim como nos colocar questões como "o que você sente pela sua mãe? o que você sente pelo seu pai?" E dependendo da resposta de biofeedback, o computador pode começar a fazer perguntas mais específicas, derivando, então, para revelar em que ponto da vida foram tomadas decisões, que dessa forma controlam nossos mecanismos de defesa, fazendo pensamentos escondidos emergirem à consciência. Podemos usar esta tecnologia para mudarmos a nós mesmos, para suprir uma deficiência entre o inconsciente e a mente racional, dar um salto de onde estamos, para o nível seguinte. Isso pode soar como afetação, mas olhando o que aconteceu num passado recente, podemos ver que a tecnologia já está aí. Vai levar algum tempo para aceitarmos estes conceitos, embora eles não sejam novos. O biofeedback foi usado pela primeira vez por Ron Hubbard nos anos cinqüenta. O Sr. Hubbard fundou a Igreja da Cientologia e descobriu um método chamado "lavagem" para controlar a mente inconsciente, que nós chamamos mente reativa. Embora este método fosse eficaz, ele foi rejeitado pela comunidade clínica e psiquiátrica, porque a Cientologia era vista como um culto. A rejeição às suas idéias de biofeedback foram uma triste perda para a humanidade, mas agora estamos trazendo a idéia para novos níveis com maior aproveitamento de informação de biofeedback por imagens e processamento de dados. Nossa intenção é tornar esta tecnologia disponível ao público em geral a preço acessível, assim, a maioria da pessoas podem aprender a ser emocionalmente mais verdadeiras.

Tudo começou quando...

...mandei tirar uma foto da minha aura por curiosidade. Fui a uma feira de cura holística e tinha acabado de sair de um encontro sobre relaxamento, quando vi o cartaz sobre Fotografias de Imagens da Aura. Fiquei interessado e cheguei mais perto e uma jovem me perguntou se eu queria ver a energia de calor ao redor da minha mão. "É só colocar sua mão sobre o sensor plástico de calor", ela disse. Eu fiz, ela olhou e disse admirada: "Uau! Você está bem à vontade, e olhe para a intensidade dessas cores, você tem energia curativa". Fiquei imaginando como a simples sombra verde brilhante nesta lâmina de plástico podia mostrar o efeito de relaxamento da palestra que eu tinha assistido momentos atrás. Minha atenção se desviou para a foto de aura vermelho brilhante que estava sendo segurada na minha frente. O fotógrafo estendeu a foto a um adolescente e disse que parecia que este estava praticando esportes, e este fez um movimento de cabeça concordando. Isto foi interessante. Se pudesse ser tão acurada no meu caso como foi para o rapaz, talvez eu pudesse saber alguma coisa sobre mim mesmo. Sentei para tirar minha foto e num momento a foto colorida estava na minha frente. O fotógrafo olhou as cores e disse: "Você está realmente relaxado, e olhe, vê as cores diferentes de cada lado? Isto significa que você está mudando". Uma senhora idosa interpretou a foto para mim e eu descobri quão profundamente a foto me descrevia, minha personalidade, o que eu estava fazendo naquela época da minha vida, e predizia minha atual ocupação.

Eu estava admirado de que toda esta informação me fosse revelada através da pequena foto da aura, de colorido brilhante. Imediatamente fiquei fascinado com as possibilidades dessa nova tecnologia. Um posterior desenvolvimento da fotografia Kirlian (também explicada neste livro), Fotografia das Imagens da Aura, tornou possível pela primeira vez, mostrar em cores o campo de energia ao redor do corpo.

Meu espanto com a foto da aura, me levou a fazer um workshop, onde eu descobri que tinha a capacidade de ver as verdadeiras cores das pessoas: imediatamente minha vida mudou. Minhas finanças começaram a melhorar, porque eu descobri, através da foto da aura, quais as ocupações que eu podia desempenhar melhor e comecei a ter mudanças nos negócios e na carreira. Estudando o significado das cores da minha aura, minha vida social ascendeu e aprendi mais acerca de minha verdadeira personalidade e com que pessoas eu tinha mais compatibilidade. Eu fui capaz então de enriquecer minha vida com pessoas de quem eu realmente gostava. Minha capacidade de interpretar as diversas formas de aura, me ajudaram a entender como eu me relacionava com as pessoas, como eu processava inconscientemente informação e os sentimentos à medida que a minha vida ia mudando e quais eram meus talentos naturais.

Minha intenção ao escrever este livro, é primeiro explicar aos leitores, acerca do que fala esta tecnologia maravilhosa, o que é exatamente uma aura, e então começar a ensinar como se lê uma foto e o que as cores áuricas significam e como podem ajudar um indivíduo a melhor entender a si mesmo, seus relacionamentos, definir talentos especiais e elucidar metas e aspirações. Numa linguagem mais simples, desejo enfocar o tópico Fotografia das Imagens da Aura na teoria e na prática. Evitei deliberadamente terminologia complicada e tentei descrever tópicos científicos na linguagem das pessoas leigas. Muitas áreas só puderam ser explicadas brevemente. Se desejar aprofundar seu conhecimento em áreas específicas, recomendo os livros listados na bibliografia.

Desejo também enfatizar que todas as cores têm suas qualidades únicas e especiais e que nenhuma delas é "boa" ou "má", mas são apenas características e espelham o que foi vivenciado. No correr do texto eu me refiro ao branco e ao violeta como sendo cores de alta vibração. Isso não significa que estas cores são as melhores, ou que as pessoas com essas cores na aura são mais evoluídas. Estas cores apenas vibram numa freqüência mais elevada do que as cores quentes, laranja, amarelo e vermelho.

Naturalmente, este livro pode ser apenas uma introdução a este novo campo. Já que estamos trabalhando com a Fotografia de Imagens da Aura há um tempo relativamente curto, teremos de esperar maior desenvolvimento até que possamos aplicar esta tecnologia à terapia e à cura. A Fotografia de Imagens da Aura promete ser uma importante ferramenta e instrumento de aprendizado para o desenvolvimento da consciência.

O Hospital do Futuro

Você sofre um mau jeito no ombro num jogo de realidade virtual e é levado rapidamente ao hospital através do Metrô. Uma enfermeira entendida em psiquismo lhe dá as boas vindas enquanto analisa sua aura, mantendo ao mesmo tempo um diálogo verbal com o seu computador. Decorrem apenas segundos para que ela introduza suas observações no computador. Ela chega bem perto de você e passa sua mão pela área afetada, com movimentos de varredura, eliminando psiquicamente um pouco da dor intermitente. Depois da dor diminuir um pouco, ela diz a você que é um entorse leve e o encaminha à sala de raios x para confirmar. Após os raios x ficarem prontos, você é mandado para a sala de imagens da aura. O médico chega com os raios x na mão, olha a chapa e diz que o diagnóstico da enfermeira vidente está correto. Ele aponta a área do entorse no raio x, e solicita a você para ficar de pé em frente à tela de aura. A máquina é posicionada, você olha na tela em torno de seu ombro e vê as cores vermelhas da dor faiscando em torno da área machucada. A enfermeira entra, e ficando em pé perto de você, ergue a mão a uma pequena distância de seu ombro, e instantaneamente você vê as cores da tela ficarem mais suaves e surge um verde esmeralda curativo. Ao mesmo tempo, você sente a dor diminuir, o médico lhe escreve uma prescrição para aliviar a dor, enquanto que a enfermeira providencia uma tipóia para seu braço. O médico diz: "Volte dentro de alguns dias para um check-up e vamos ver se você quer ir a um aconselhamento cármico a fim de lidar com as causas psíquicas de seu ferimento, e então será dispensado".

Este evento pode soar como um acontecimento de centenas de anos no futuro, mas isto pode acontecer muito mais cedo do que se pensa. A tecnologia já existe. Há muitos videntes capazes de enxergar auras e muitos outros sendo treinados para ver auras, em workshops e seminários a respeito de aura, a cada ano, enquanto cada vez mais pessoas estão usando câmaras de fotografar as auras. Esta tecnologia irá se tornar uma ferramenta imprescindível tanto nas curas clínicas, quanto nas psiquiátricas, num futuro não muito distante.

II. A Eletrofotografia

Foto Kirlian

Foto Kirlian, ou registro dos campos elétricos num filme virgem, não é coisa recente. Bem antes que Semyon D. Kirlian iniciasse seu trabalho na Rússia nos anos 30 e 40, os cientistas já lidavam com a eletrofotografia. Michael Faraday, Nikola Tesla e Thomas Edison são só alguns dos que enveredaram pelos mistérios da energia sutil do corpo e da aura humana. Perto da virada do século, Nikola Tesla tirou fotografias não somente das auras da ponta dos dedos, mas também das auras do corpo inteiro.

Nos anos quarenta, foram levados a efeito os primeiros experimentos no tocante à energia corporal. Esta energia corporal é um campo sutil que envolve os organismos vivos. Desde então, muitos pesquisadores e cientistas têm lidado com este assunto. Provavelmente o mais conhecido é o russo S. D. Kirlian, que desenvolveu a foto Kirlian, uma tecnologia que tem sido capaz de registrar campos de energia sutil em torno dos organismos vivos.

A eletrofotografia geralmente se refere a um fenômeno conhecido como "descarga de coroa". A coroa é o resultado da descarga eletrônica e milhões de elétrons aparecem. Estes elétrons se movem do objeto para a chapa fotográfica. Dependendo do tipo de filme e do gerador elétrico, podem surgir belas cores e padrões de descarga.

Na fotografia Kirlian, o indivíduo coloca as mãos, geralmente junto com os pés, numa chapa que está conectada a um gerador de alta freqüência. Por um breve momento, a mão fica exposta a raios de alta freqüência, por meio da chapa. A reação da mão e dos pés é registrada em papel fotográfico. Após a revelação do filme, a foto Kirlian se parece com o seguinte: cada ponta do dedo está em contato firme com a chapa de alta freqüência, e cada uma mostra uma emanação. Como pode ser explicada esta descarga de coroa? Por que este padrão se desenvolve em redor dos dedos?

Pela acupuntura, sabemos que muitos trajetos de energia percorrem o corpo todo. Podemos imaginar estes meridianos como um sistema ainda mais sutil do que o sistema nervoso. Determinados pontos centrais na pele e nos pontos da extremidade dos meridianos são conhecidos como pontos de acupuntura. Estes pontos vibram com os diversos órgãos. Estimulando-os com uma agulha de acupuntura ou por meio de acupressura (massagem com pressão leve), os respectivos órgãos podem ser recarregados com energia vital, também chamada "chi". Estimulando-se, por exemplo, um ponto de acupuntura do meridiano do fígado com uma agulha ou com pressão, ativa-se o fígado, bem como outras partes do corpo ligadas a este meridiano.

A fotografia Kirlian foi capaz de confirmar este conhecimento da medicina chinesa. Ela mostrou que determinados pontos de ressonância na mão, ou antes, na ponta dos dedos, são conectados com os respectivos trajetos de acupuntura. Quando descobrimos irregularidades em uma área de uma foto Kirlian, podemos concluir, a partir dos pontos de ressonância dos dedos ou da mão, que a energia do corpo está bloqueada. Em nosso exemplo: se a área do ponto do fígado mostrar uma emanação pequena ou muito forte, podemos garantir que a energia do meridiano do fígado ou de outras partes do corpo, estão bloqueadas.

Um dos fenômenos mais interessantes na eletrofotografia é o efeito da "folha fantasma". Muitos pesquisadores, incluindo Allen Detrick e I. Dumitrescu, descobriram um campo de energia ao redor dos organismos vivos. Quando cortaram uma folha ao meio, ficaram surpresos ao verificar que podiam mostrar ao lado de cada metade, uma emanação no formato da folha inteira. Mesmo se a parte física da folha não estivesse presente, um campo de energia sutil continuava a existir da mesma forma que a folha original.

Algumas teorias dizem que a tão falada dor do "membro fantasma" pode ser um fenômeno semelhante. Após uma amputação, muitas pessoas ainda sentem dor naquela área. Embora o membro físico não mais exista, o campo de energia, determinado pela fotografia Kirlian, parece continuar a causar dor.

Embora a fotografia Kirlian tenha sido pesquisada e aplicada por mais de cinqüenta anos, muitos segredos ainda não foram desvendados. O funcionamento da fotografia Kirlian é o seguinte:

A forma de representação visual da fotografia Kirlian, representa o corpo etérico e o fisioelétrico de um ser humano. Mostra como o corpo reage à estimulação elétrica, e registra as alterações no filme. Como na iridologia e na reflexologia, a fotografia Kirlian usa os pontos de reflexologia para mostrar condições orgânicas no corpo humano. Desde que um órgão enfraquecido ou com bloqueio, é equivalente a um nervo bloqueado, somente uma pequena ou nenhuma alteração elétrica podem ser mostradas nos pontos de reflexologia.

Assim, o objeto fotografado e a freqüência utilizados do esquema Kirlian devem ressoar um com o outro. No efeito da folha fantasma, a freqüência produzida e o campo de energia etérea ressoam. A estrutura etérea está associada à um espectro vibratório mais elevado, uma oitava mais alta do que a matéria física. No entanto, quando corretamente aplicada, a fotografia Kirlian é capaz de mostrar a energia etérica.

Este processo é melhor compreendido no exemplo a seguir. Quando se toca a nota Dó no piano, esta corda vibra na respectiva freqüência. Esta vibração faz com que outras cordas de outras oitavas vibrem. Portanto, quando tocamos um Dó baixo, o Dó alto irá também vibrar como uma nota harmônica. A fotografia Kirlian aplica este princípio. A energia elétrica faz com que os elétrons da oitava da matéria física se movam. Ao mesmo tempo, uma oitava mais alta, o tom ressonante é estimulado no campo de energia etérica. Portanto, a fotografia Kirlian mostra a interação do campo etérico com o campo elétrico, produzida pela câmera Kirlian.

Há poucos anos, muitos médicos, naturistas e terapeutas usaram a fotografia Kirlian para diagnóstico e prevenção de doenças, pelo reconhecimento do bloqueio de energia neste estágio inicial. Ficou provado que tanto os fatores internos quanto os fatores externos (como pensamento negativo e positivo) influenciam de maneira muito forte nosso sistema energético. Para estudos mais profundos, recomendo os livros de Peter Mandel. Ele desenvolveu seu próprio sistema de diagnóstico, o diagnóstico do ponto de energia, um desenvolvimento posterior da fotografia Kirlian. O sistema de Mandel teve muito sucesso.

Fotografia das Imagens da Aura

A eletrofotografia mostra a descarga de coroa, que é a forma pela qual os corpos físico e etéreo reagem a um potencial elétrico de alta voltagem. Um usuário treinado em fotografia Kirlian pode descrever a partir dessas fotos, com precisão, aonde a energia está desequilibrada e são localizados, portanto, problemas físicos e doenças.

Resumindo os pontos importantes acerca dos campos sutis de energia: os humanos geralmente não são capazes de transcender as limitações de seus cinco sentidos. Eles não podem perceber os campos sutis de energia. No entanto, há muitas pessoas que são capazes de sentir ou ver a aura. Dependendo das habilidades de um clarividente, ele ou ela, percebem diferentes áreas do campo de energia sutil. Sem conhecê-lo, muitas pessoas podem ver parcialmente o campo etérico. Este biocampo emana do corpo cerca de meia a duas polegadas.

O próximo passo será perceber o campo de energia eletromagnética. O campo de energia eletromagnética sobe do fluxo de riachos de energia no corpo. Quando falamos acerca da aura, falamos principalmente acerca desta parte da existência humana. Freqüentemente, os corpos humanos de dimensões mais elevadas são também chamados "aura". Diferenciamos e usamos os termos "corpo astral/emocional", "corpo mental" e "corpo espiritual". Os corpos de energia mais elevada refletem os aspectos emocional, mental e espiritual de nossa personalidade. Podemos influenciá-los através de alterações contínuas e conscientes de nosso comportamento. Os indivíduos cuja vida emocional é muito desequilibrada, podem amadurecer para personalidades emocionalmente bem equilibradas, aumentando sua percepção e utilizando terapias apropriadas ou meditação, embora sua alteração de personalidade seja um processo que requer tempo.

O campo eletromagnético reage mais rapidamente às influências internas e externas e, portanto, muda com mais freqüência. A composição de forma e cor da aura, podem variar de acordo com o estado de espírito ou de humor.

No entanto, raramente faz mudanças extremas dentro de um curto período de tempo.

Já que o campo de energia eletromagnética está conectado aos corpos energéticos mais elevados, pode indicar a natureza do corpo, da alma, e pode nos informar acerca dos traços de personalidade, sentimentos, talentos, desejos e padrões de energia. Os planos físico, mental e espiritual de cada pessoa, têm um índice vibratório único. Portanto, cores diferentes ou combinações de cores dos respectivos planos vibratórios refletem estes três planos da personalidade.

Desenvolvimento da Câmera de Aura

Um instituto americano de pesquisas desenvolveu testes para medir o campo eletromagnético. Um deles desejava registrar as reações da palma da mão de um indivíduo com um sensor elétrico. Um meio ou medida padrão, pareceu ser necessário para medir um campo de energia que existe momentaneamente em torno do corpo. Pareceu óbvio usar a mão como meio de medida. Pela acupuntura, sabemos que os trajetos de energia, os meridianos, correm pelo corpo inteiro. Os meridianos são conectados a todas as partes do corpo, incluindo os diversos órgãos. Este conhecimento é utilizado em reflexologia para equilibrar e harmonizar órgãos específicos. Isto é feito pressionando-se e estimulando os pontos de reflexologia. A mão, assim como o pé e a orelha, contêm os pontos de energia sutil de todos os órgãos do corpo.

As pessoas foram induzidas a diferentes estados emocionais e mentais, visualizações e lembranças, tais como acidentes e experiências da infância. Quando pedidos para se concentrarem durante os testes, algumas pessoas clarividentes puderam ver a aura de uma pessoa e observar composições de forma e mudança. Uma série de experimentos determinou uma conexão entre determinados pontos de ressonância na mão e na aura. Não somente, os órgãos são conectados através dos pontos de reflexologia no corpo, mas também o campo de energia humana está conectado a determinados pontos correspondentes na mão.

Inspirado nos resultados desses testes, foram desenvolvidos os Sistemas de Imagens da Aura. Pela primeira vez foi possível gerar uma representação fotográfica da aura. Esta não é uma tecnologia de alta freqüência, mas um procedimento de medição ótica.

Finos sensores escaneiam e medem o campo de energia eletromagnética da mão. Os valores medidos representam diferentes índices vibratórios e desse modo diferentes cores. A informação é então transferida para dentro da câmera e transformada nas cores correspondentes. A combinação de cores resultante corresponde exatamente ao campo de energia único de uma pessoa. O sistema ótico produz então uma foto Polaroid de alta qualidade que mostra as cores do indivíduo.

Nos capítulos seguintes, explicaremos mais profundamente, os princípios científicos e esotéricos pertinentes à Fotografia Kirlian e à Fotografia de Imagens da Aura, o que aura é exatamente, definições de cores, e como interpretar uma foto áurica. Novas tecnologias estão sendo cada vez mais desenvolvidas, para nos ajudarem a seguir as pegadas deste fenômeno que se manifesta constantemente.

III. Eletricidade e magnetismo ⎯⎯⎯

Suspeitava-se há muito tempo da existência de um campo sutil de energia imaterial em torno do ser humano, mas ainda não foi reconhecido pelos círculos ortodoxos científicos. No entanto, muitos fenômenos somente podem ser explicados em termos de energia etérica. Há alguns anos, aumentaram as publicações sobre assuntos como "campos de energia eletromagnética", "auras" e "medicina energética". Freqüentemente se referem à utilidade, mas também aos perigos das energias eletromagnéticas e até de poderes sutis.

Este capítulo explica a estrutura de nossa natureza humana em termos simples. Muito do que é aqui apresentado é um sumário de nosso conhecimento corriqueiro. Muita pesquisa e desenvolvimento na área de energias sutis terá início nos próximos anos. Os seguintes tópicos vão se tornar significativos em particular:

• Como podemos influenciar positivamente as doenças e harmonizar nosso meio ambiente através da aplicação de novas tecnologias envolvendo os campos de energia sutil?

• Até que ponto é danoso o efeito de "poluição elétrica" sobre nossa saúde?

• Quais são os princípios dos corpos de energia sutil e como exatamente se manifestam?

Estas são algumas das possíveis perguntas às quais as respostas já são parcialmente conhecidas. Este capítulo começa com o fenômeno básico do princípio dos dois pólos. Qualquer vida física existe somente através do entrosamento de duas polaridades. Em nossa vida, uma das muitas manifestações deste estado, aparece no princípio de eletricidade e magnetismo.

A eletricidade tem sido um lugar-comum em nosso mundo por quase um século. Serve-nos diariamente em todas as áreas de atividade. Nós a usamos não somente nas atividades domésticas, escritórios, fábricas, carros e aviões, mas também a encontramos em nós mesmos, em nossa existência física, emocional e mental.

De onde vem a eletricidade?

A Física sabe há muito tempo que o fluxo de corrente elétrica gera um campo magnético. Quando existe um campo magnético, vibrando, pulsando, deve existir também um fluxo de energia num condutor elétrico. A forma mais simples de eletricidade é causada pelo movimento de elétrons de um meio. Isso quer dizer que temos de lidar com as menores partículas da matéria para compreender as leis da eletricidade e do magnetismo.

Na Física clássica, um átomo é visto como a menor parte do todo da matéria física. O átomo consiste em seu estado terreno de partículas específicas – os elétrons, prótons e nêutrons. O número de elétrons, prótons e nêutrons em um átomo, explica e diferencia um elemento do outro. De acordo com isso, o átomo de hidrogênio tem uma composição diferente de partículas em relação ao átomo de oxigênio ou de hélio. Se pudéssemos olhar um átomo, iríamos ver os elétrons orbitando o núcleo, que é composto de nêutrons e prótons. Quando muitos átomos se unem, obtemos moléculas. As moléculas podem formar células. As células, principais tijolos na construção do corpo, formam finalmente os órgãos.

Vamos agora observar a estrutura de um átomo (ilustração 1). O elétron em órbita possui uma carga elétrica negativa, o próton no núcleo, uma carga positiva e o nêutron não apresenta qualquer carga. Como já foi mencionado, o número e posição dos elétrons e prótons, distingue um elemento do outro. Os elétrons orbitam em formações e distâncias específicas em torno do núcleo. Podemos compará-los a planetas que circundam nosso sol em órbitas fixas. Vamos ilustrar este fato com maior precisão, através de um simples exemplo, o átomo de hidrogênio. Este átomo tem somente um próton no núcleo, e um único elétron.

Ilustração 1

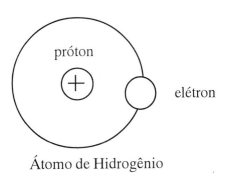

Átomo de Hidrogênio

A nível macroscópico, podemos comparar este processo atômico com a órbita da Lua em volta da Terra. Esta seria o próton e a Lua o elétron. Assim como um átomo, a Lua (elétron) se move em volta da Terra (próton). A partir de nossa perspectiva, a principal diferença seria somente a de que o elétron no átomo percorre uma velocidade muito maior do que a

Lua em volta da Terra. Não é possível para os humanos seguir os movimentos de um átomo, desde que a percepção humana é limitada por nossos cinco sentidos.

Tendo falado sobre as menores partículas da matéria, podemos agora dar mais um passo. Quando pegamos um fio e o conectamos a uma bateria, observamos os seguintes processos:

Ilustração 2

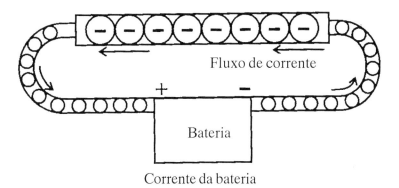

Corrente da bateria

Como toda matéria, o fio consiste em átomos e, portanto, contém um determinado número de elétrons. A bateria, que apresenta um pólo positivo e um negativo e, portanto, uma corrente elétrica, possui elétrons extras. Estes elétrons fluem através do fio, do pólo negativo para o pólo positivo da bateria. Em Física, este processo é regido pelas seguintes leis:

• A corrente elétrica flui de um lado para o outro da bateria.

• Num ângulo reto a este fluxo de energia, surge um campo magnético.

• A resistência dentro do fio, em relação ao fluxo de elétrons, gera calor.

Ilustração 3

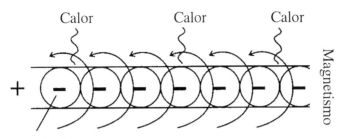

Vista ampliada de um fio

A energia elétrica também flui nos humanos. Quando se aplica este exemplo ao nosso corpo, podemos imaginar o cérebro como uma espécie de bateria, o trato digestivo como o carregador da bateria, e o corpo com seus nervos e os meridianos de energia como condutores de energia elétrica. Quando comemos, o organismo absorve, entre outros nutrientes, minerais. Os minerais são absorvidos no intestino delgado e no cólon. Devido ao processo químico da eletrólise, os minerais produzem uma corrente em nosso cérebro. O cérebro, finalmente, conduz esta energia elétrica através do sistema nervoso, onde ela funciona como a força motora necessária para desempenhar todas as funções corpóreas. Se o cólon ou outros órgãos participantes não funcionam adequadamente, a corrente, ou antes, o potencial elétrico do cérebro diminui e nos tornamos cansados e letárgicos. Através do fluxo de energia nos nervos – uma forma de eletricidade muito mais sutil do que a corrente comum – cria-se um campo magnético em torno do corpo, exatamente igual a um fio. Posteriormente iremos descrever isso em mais detalhes. Para uma melhor compreensão, iremos ver o nervo como um exemplo de distribuição elétrica (ilustração 4).

Ilustração 4

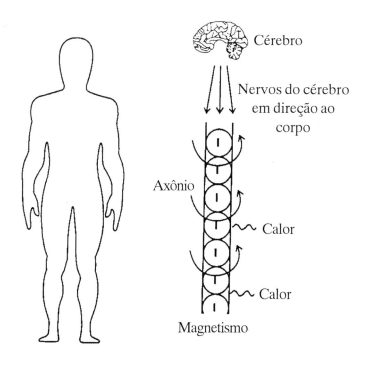

Este princípio de fluxo de energia entre dois pólos é universal, seja em relação a um fio ou a uma fibra nervosa. Através do fluxo de energia, um campo magnético se cria em torno do fio. Quanto mais corrente passa pelo fio, mais forte se torna o campo magnético. Cada fluxo de eletricidade e cada campo magnético possui um alinhamento específico e força. Como todos sabemos, o alinhamento do campo magnético é determinado pelos pólos norte e sul. A parte da agulha magnética que aponta para o norte, é chamada de pólo norte, a parte que aponta para o sul é chamada de pólo sul (Ilustração 5).

Ilustração 5

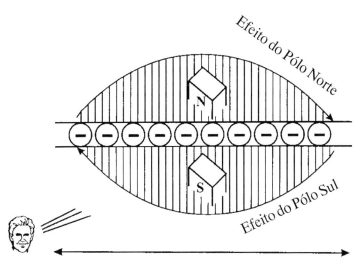

Uma revolução por segundo

O fluxo de cada campo magnético e cada campo elétrico é caracterizado por uma flutuação específica, um movimento pulsante. Dessa forma, um campo magnético pode mostrar uma freqüência de uma revolução por segundo ou mil revoluções por segundo. Quando, por exemplo, um gerador, produzindo um campo de energia magnética perfizer uma rotação completa em torno de si mesmo (360 graus) em um segundo, este movimento é chamado uma revolução por segundo. A expressão científica para este processo é então: uma freqüência de um hertz (1 Hz).

Dobrar a velocidade do gerador resulta numa freqüência de duas revoluções por segundo (dois hertz).

Ilustração 6

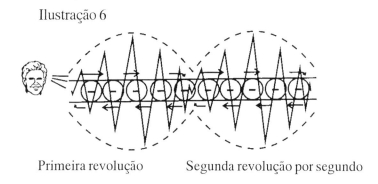

Primeira revolução   Segunda revolução por segundo

Espectro de freqüência

Fazer girar um gerador ou um meio apropriado, gera eletricidade. A freqüência é determinada pelo número de rotações. O cientistas estão informados destas diferentes freqüências há muitos anos. A extensão completa dos campos eletromagnéticos ou ondas, partindo da mais baixa (como milihertz) para a mais alta (como quatrilhões de hertz ou mais) é chamada de espectro de freqüência.

Ilustração 7

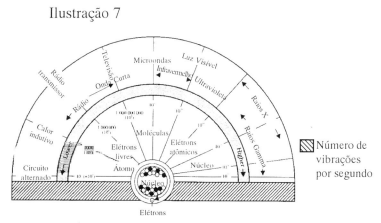

O Grande Espectro da Radiação Eletromagnética

A mais baixa amplitude do espectro de freqüência é chamada extensão de ultra ou de baixa freqüência. Os pesquisadores descobriram que as formas de vida mais baixas, como os organismos unicelulares e multicelulares, bactérias, vírus e fungos, vibram nesta amplitude freqüência. Estas vibrações também são responsáveis por processos como apodrecimentos dos frutos. Alguns aparelhos e instrumentos eletrodomésticos também funcionam nesta faixa de baixa freqüência de cerca de cinqüenta a sessenta hertz (isto é, cinqüenta a sessenta revoluções por minuto).

Se um gerador produzisse de 100 a 16.000 revoluções por segundo, ou se possuíssemos um meio que vibrasse nessa intensidade de freqüência, obteríamos um espectro de som audível pelo ouvido humano. Para conseguir isso, uma energia elétrica suficientemente forte faz com que as moléculas de ar se movam. Percebemos o som através da membrana do ouvido. As moléculas de ar também se movem em altas revoluções, acima de 16.000 Hz, porém a maioria das pessoas não podem ouvir estes sons. Alguns animais, como os cães, têm uma capacidade extensa de audição. Após uma sirene ter parado de tocar e que não mais seja audível pelos humanos, os cães continuam a latir porque continuam a ouvir as vibrações de som.

Freqüências mais altas

Assim que se atinge uma freqüência de 500.000 a 1.000.000 revoluções por segundo (Hz), são produzidas ondas com comprimento de onda muito curto. Se o potencial de voltagem for alto o suficiente, a energia gerada exerce forte pressão ou tensão no fio. A forma de onda não mais pode ser mantida no fio. A onda agora se expande e viaja pelo espaço. Este processo é usado com ondas de rádio: diversos tipos de faixas de rádio (como ondas longas e curtas que ocupam diferentes freqüências) são usadas para programas de radiodifusão.

A luz visível também ocupa uma pequena porção do espectro de freqüência por nós percebido. A luz é uma vibração eletromagnética com comprimentos e freqüências específicas de onda. Com nossos olhos físicos, podemos ver somente uma pequena fração do espectro de freqüências conhecido. As vibrações acima e abaixo desta gama de freqüência não são registradas pelo olho humano. Alguns insetos e outros animais vêem muitos milhões de ciclos por segundo, além do que é possível aos olhos humanos. Eles são capazes de registrar oticamente a freqüência dos raios X, raios gama e raios ainda mais curtos. Quando deixamos o espectro para o lado direito (Ilustração 8), a freqüência vibratória dos raios X e dos raios gama, entramos na área etérea, sutil.

Com nossos cinco sentidos, somos capazes de perceber uma pequena gama da freqüência do espectro. A isso chamamos realidade. Juntamente com o espectro sonoro, somos capazes de reconhecer diferentes vibrações de luz. Com nossos olhos, percebemos as diferentes vibrações como cores. Normalmente os humanos podem ver a freqüência do vermelho ao violeta no espectro de luz. Alguns animais, como as abelhas, são capazes de ver até mesmo na freqüência ultravioleta.

Ilustração 8

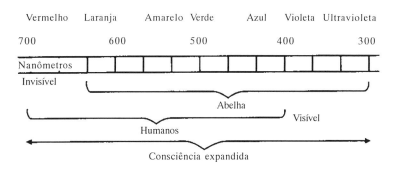

Percepção visual do espectro eletromagnético

É fascinante ver os aspectos mais íntimos de nosso corpo. Como toda matéria, nosso corpo e nossos órgãos vibram numa determinada freqüência. Iremos primeiro considerar a esfera subatômica para examinar um átomo em maiores detalhes.

Um átomo vibra numa freqüência de cerca de 1015 Hz (dez e mais quinze zeros em seguida) e o núcleo de um átomo vibra num índice de cerca de 1022 Hz; estes índices vibratórios são inimaginavelmente rápidos. Colocando-se de maneira mais simples, podemos dizer que quando um átomo vibra 1022 vezes por segundo para a frente e para trás entre dois pólos, é como se fosse dito que: "Sim!, Não!, Sim!, Não!..." 1022 vezes por segundo. Nossos sentidos são inúmeras vezes mais lentos para processar esta informação.

Quando os átomos se combinam dentro dos músculos, o índice vibratório diminui e a massa aumenta. As moléculas vibram a uma velocidade de cerca de 109 Hz (freqüência gigahertz). Das moléculas são formadas as células, e as células constituem nosso organismo. As células têm um índice de freqüência vibratória muito menor (cerca de 103 Hz) do que os átomos ou moléculas. Quanto mais profundamente penetramos no mundo interior dos humanos, na realidade subatômica, mais altos os índices vibratórios.

Esta descrição simples dos elétrons e prótons, eletricidade e magnetismo não deve esconder o fato de que ultimamente, a ciência moderna sabe muito pouco acerca destes fenômenos. No entanto, o espectro de freqüência mostra claramente que os humanos podem somente perceber uma ínfima parte da realidade através dos nossos cinco sentidos.

Indução mútua e ressonância

Para descobrir como as vibrações trabalham dentro de nós, temos que entender um outro princípio básico da física. Por exemplo, se você estiver pendurando roupas num dia chuvoso perto de um fio elétrico que corra paralelo a um varal, você pode tomar um pequeno choque elétrico quando tocar o varal.

Ilustração 9

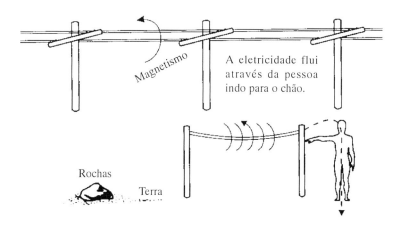

Por causa de sua grande intensidade, o campo magnético da linha de força se espalha em direção ao varal. O varal, devido à grande umidade, adotou a condutividade do fio. Os elétrons fluem pelo varal e ao toque, dão uma descarga que passa pelo seu corpo e vai ao solo. Este princípio é chamado de "indução mútua". Encontra-se também em nosso corpo. Possuímos milhares de pequenos nervos que conduzem eletricidade. Cada um dos pequenos campos magnéticos individuais interage com o campo seguinte. A indução mútua acaba formando um campo magnético extremamente poderoso.

O termo "ressonância" é muito significativo no eletromagnetismo. Ele descreve a capacidade de um objeto vibrar quando estimulado por indução mútua. Vamos ilustrar isso com um outro exemplo: temos dois violinos, afinados exatamente da mesma maneira. Enquanto um violino está em cima da mesa, tocamos uma nota no outro. Quando prestamos mais atenção, percebemos que a mesma nota que estamos tocando num violino começa a vibrar no outro que está em repouso. A ressonância, uma vibração comum, existe entre estas duas cordas.

Quando apertamos uma corda, esta irá vibrar em sua freqüência normal. Desde que os violinos estejam afinados corretamente, sabemos que as freqüências naturais de ambas as cordas são iguais. Neste caso falamos em "energia acústica". As ondas do ar geradas pelo primeiro violino se espalham pelo espaço e atingem o segundo violino. A corda do segundo violino, que está afinada no mesmo tom que o primeiro violino, reage às ondas de energia, desde que as freqüências sejam idênticas. Uma outra corda não irá reagir às ondas de ar desde que não há nenhuma ressonância com o tom tocado.

O princípio de ressonância está estreitamente ligado ao princípio de oitavas e sons harmônicos. Usaremos novamente um exemplo da energia acústica. Quando tocado o Dó médio do piano, a corda irá vibrar com uma freqüência de 264 Hz. Quando retirarmos a tampa do piano, podemos observar que a corda uma oitava mais alta que o Dó médio irá vibrar igualmente mais forte. Esta corda irá vibrar em exatamente o dobro da freqüência da corda martelada (528 Hz). Outras cordas também vibram em ressonância com o Dó médio tocado. A corda meia oitava mais alta que o Dó médio, a nota Sol vibra numa freqüência de 396 Hz. Algumas outras notas são influenciadas da mesma maneira, mas com muito menor intensidade. Vemos que quando somente uma nota no piano é percutida, a ressonância faz com que muitas outras notas vibrem também, cada qual numa freqüência diferente. Ouvintes treinados podem perceber estes sons harmônicos.

O princípio de ressonância se aplica não somente aos tons, que são apenas uma forma de vibração. A ressonância também é uma das leis mais importantes dos fenômenos de energia. No capítulo sobre eletrofotografia ou Kirlian fotografia, veremos que a ressonância também existe em nossos corpos – entre os corpos físico, mental-espiritual e etérico-astral.

A ressonância também é parte das relações humanas. Colocações como: "Eu me sinto atraído por esta pessoa", "Nós nos entendemos muito bem, estamos em harmonia um com o outro" ou "Estamos no mesmo comprimento de onda" demonstram que o princípio de ressonância se aplica não somente aos reinos físico-energético, mas também ao emocional, mental e espiritual.

Campos vibratórios nos humanos

Vamos dar um pequeno passeio pela matéria física para desvendar seus segredos. Usamos um supermicroscópio imaginário com o qual podemos observar até o menor átomo. Num fragmento de tecido muscular, podemos definir, com um pequeno aumento, as fibras musculares, uma a uma, os vasos sangüíneos e finalmente as células. Quanto mais aumentarmos, tanto mais diferenciadas as nitidamente organizadas microestruturas do tecido. Um aumento maior, mostra que as células consistem em cadeias longas, espiraladas moleculares, nas quais grupos inteiros de átomos se reviram. Esta dança dos átomos nas moléculas se processa em formações perfeitamente estruturadas e em movimentos enormemente rápidos porém constantes. A alta velocidade dos átomos gera vibração.

Quando deixamos um ímã ou um campo elétrico sobre o tecido muscular, observamos ao microscópio uma alteração imediata do movimento dos átomos. O campo magnético influencia o trajeto dos elétrons e seu relacionamento uns com os outros.

Agora, olhando mais de perto um átomo, ele primeiro aparece como um emaranhado impreciso e diminuto, num imenso espaço vazio. No entanto, quanto mais este emaranhado é aumentado, menos podemos diferenciá-lo. A camada oscilante de elétrons finalmente se dissolve e vira nada. Encontramo-nos num espaço completamente vazio – um vácuo. Aumentando de maneira muito grande este universo vazio, uma bola que se percebe endurecida – o núcleo se torna reconhecível. Aumentando-se o diâmetro do núcleo para o tamanho de um pé, o diâmetro do elétron que está girando, se torna 10.000 pés, uma proporção de 1:10.000. O espaço intermediário restante é um vácuo. Se o núcleo estiver aumentado ainda mais pelo supermicroscópio, ele pareceria repentinamente desaparecer. Tudo isso que está visível, é uma pulsação semelhante a uma sombra de um campo de energia.

O que aconteceu ao tecido muscular? O experimento não começou aparentemente com matéria sólida?

Ilustração 10

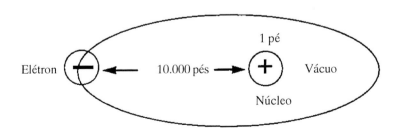

As descobertas da física subatômica mostraram à ciência que a matéria sólida não é nada mais do que espaço vazio preenchido com campos de energia vibrantes e oscilantes, influenciando todos uns aos outros.

A nível subatômico, tudo é vibração. A mais leve alteração num campo de energia causa alterações em todos os outros campos vibratórios. Todos eles estão pulsando juntos, em harmonia, mas cada qual tem seu índice vibratório. A harmonia aqui é a junção rítmica dos campos.

Se uma influência externa perturbar a harmonia rítmica natural destes campos de energia, todos os outros campos vizinhos também serão influenciados. Podemos comparar isto a uma peça musical, tocada por uma grande orquestra. Quando um músico sai do ritmo e toca uma clave, com notas erradas, provavelmente os outros músicos também irão sair do ritmo. Após um determinado tempo, o agradável concerto sonoro terá se transformado numa cacofonia. Um bom maestro sabe detectar e remover a causa da perturbação. Através de sua forte influência sobre a orquestra, ele pode então restabelecer o ritmo e a harmonia.

Nosso corpo humano funciona como uma orquestra. A saúde e o bem-estar se igualam à harmonia entre os diversos campos vibratórios do corpo. Uma perturbação ou desarmonia causa embaraço. Quanto mais avança, mais enfraquece o sistema imunológico ou gera doença. Se uma parte do corpo perder sua harmonia, o corpo inteiro sofre. Como diz o Dr. I. Dumitrescu: "Podemos compreender a doença como uma batalha de vibrações".

Podemos interpretar a doença como um comportamento fora do normal de um dos vários órgãos do corpo. Quando um ritmo harmonioso e forte influenciar um campo de energia que perdeu seu equilíbrio ou ritmo, a influência harmoniosa pode restabelecer a ordem e o equilíbrio no sistema.

Recentes pesquisas e experimentações também provaram que o campo vibracional humano pode ser medido e evidenciado em termos científicos. A Dra. Valerie Hunt e outros cientistas da U.C.L.A. terminaram um estudo fascinante sobre o campo da energia humana e seu relacionamento com a energia emocional e neuromuscular, descobrindo afinal, que o campo áureo dos videntes e dos sensitivos visto e registrado em todos os tempos, pode ser cientificamente provado com a evidência eletrônica dos padrões de freqüência de onda.

Usando talentosos clarividentes leitores da aura, que liam os campos áuricos dos indivíduos enquanto contavam o que estavam vendo como dentro de um gravador, os cientistas foram ao mesmo tempo capazes de medir os campos de energia com a Análise Fourier e com a Análise de Freqüência Sonogram.

As freqüências e formas de onda correspondiam aos padrões e cores que os leitores videntes da aura, viam de forma clarividente. Os resultados do estudo da Dra. Valerie Hunt provaram que determinadas cores correspondem à freqüências específicas, com a cor azul pertencendo à freqüência mais lenta e o violeta e o branco à mais rápida.

Sumário

- O fluxo de energia entre dois pólos gera um campo eletromagnético.
- Os seres humanos podem perceber com seus cinco sentidos somente uma pequena fração do espectro de freqüência. O que consideramos realidade está limitado por nossa percepção.
- Qualquer matéria é espaço vazio, um vácuo, preenchido com campos de energia vibratória.
- A harmonia nos campos vibratórios exprime a si mesma como saúde, desarmonia como doença.

IV. O Plano Físico ————————————

Imagine por favor a seguinte cena: retornando no tempo milhares de anos, não há carros, nem aviões, nem eletricidade, nem geradores, nem aquecedores a gás, nem hidrelétricas. Mas as pessoas daquele tempo conhecem o segredo do fogo. Um dia, uma pessoa da Idade da Pedra, especialmente inteligente, descobriu algo completamente revolucionário. Apresentou a proposta de que seria capaz de produzir vapor a partir da água.

Para sua tribo, esta proposta é ultrajante, impossível, inimaginável e cientificamente incompreensível. A maioria das pessoas ridiculariza os cientistas da Idade da Pedra e alguns os chamam "malucos" e "sonhadores". No entanto, alguns poucos estão interessados nessa novidade. Assistem a uma demonstração do experimento e descobrem que sua afirmativa está correta. O cientista coloca uma vasilha com água no fogo e diz que agora eles só têm que esperar um pouco. Alguns dos espectadores acham aquilo muito simples. Quando nada tinha acontecido após alguns minutos, eles saem, confirmando suas crenças de que era só uma fraude. Mas outros esperam, e veja! Após algum tempo, pode-se ouvir um borbulhar. A água está fervendo. Como se produzido por mãos invisíveis, uma substância como neblina aparece. Alguns observadores ficam confusos e garantem que o cientista está usando uma espécie de poderes mágicos. Mas o restante dos espectadores está vibrando. Eles aprendem a reproduzir o experimento e lidar com a nova forma de energia. Eles saem, prontos para espalhar seu conhecimento pelo mundo inteiro.

Depois de um grande número de pessoas ter visto este experimento de produzir vapor, as massas o aceitam.

Esta história certamente aconteceu de tempos em tempos de forma semelhante. Os irmãos Wright, Leonardo da Vinci, Newton, Nikola Tesla e outros brilhantes cientistas não foram aceitos de início. Algumas vezes, seus pares até os perseguiram. No entanto, o progresso não podia ser detido.

Esta narrativa ilustra que um pré-requisito básico para explorar novas dimensões do conhecimento, deve ser uma abertura intelectual, uma mente inquiridora aliada a uma saudável quantidade de ceticismo e à capacidade de analisar criticamente, embora a crítica não deva degenerar em ignorância e falta de interesse. A ciência verdadeira explora os fenômenos, quer isto se adapte ou não a uma visão que prevaleça amplamente e enquanto o julgamento seja tendencioso, tentando integrar os novos conhecimentos adquiridos à vida diária, para benefício de cada um.

Matéria sólida e sutil

Que nossa matéria tenha um aspecto sutil, isso não é uma idéia nova. No século dezenove, foram descobertos fenômenos que indicavam a existência de um biocampo, ou éter, uma energia invisível a nossos olhos. Os pesquisadores como Wilhelm Reich, que desenvolveu a teoria da energia do orgônio, e Nikola Tesla, que tentou utilizar esta energia em experimentos, foram precursores na área das energias sutis.

Os primeiros experimentos científicos no tocante a uma energia corporal, isto é, um campo de energia sutil rodeando os organismos vivos, foram levados a efeito nos anos 30 e 40 pelo Dr. Harold S. Burr na Universidade de Yale, que estudou as formas dos campos de energia que circundam plantas e animais. A fim de verificar os campos de energia elétrica, Burr usou voltímetros comuns para fazer medições na pele. Trabalhando com os campos de energia das salamandras, ele foi capaz de determinar um potencial de corrente direta que estava alinhado com o cérebro e com a espinha. O Dr. Robert O. Becker conduziu experimentos semelhantes e foi capaz de confirmar e até ampliar os resultados do Dr. Burr. Nas salamandras, ele mediu as correntes elétricas diretas que pareciam indicar uma conexão com o sistema nervoso. Cada grupo de células nervosas mostrou um potencial elétrico positivo e todas as terminações nervosas um potencial elétrico negativo. O Dr. Burr também descobriu que as salamandras jovens eram circundadas por um campo elétrico do mesmo tamanho que uma salamandra adulta.

Ilustração 11

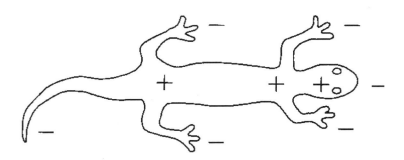

Salamandra

A pesquisa do Dr. Burr também lidou com sementes novas. Ele verificou que o campo elétrico que circunda os rebentos não corresponde à forma das sementes, mas já à forma da planta crescida. Burr concluiu que o crescimento de cada organismo é influenciado por um campo elétrico que o circunda. Experimentos posteriores no fim dos anos cinqüenta, acerca do crescimento bioenergético dos campos confirmou estes resultados da pesquisa.

A fotografia eletrográfica, que está relacionada aos campos de energia eletromagnética dos organismos vivos, tornou-se agora bastante conhecida. No começo dos anos quarenta, quando o Dr. Burr levou a efeito suas medições nos Estados Unidos, o pesquisador russo Semyon Kirlian lidou com um fenômeno semelhante. Ele desenvolveu uma tecnologia de fotografar organismos vivos em presença de campos elétricos de alta freqüência, alta voltagem e baixa amperagem. Tanto Kirlian quanto Burr, estudaram o mesmo campo eletromagnético, o dos seres vivos. Com sua técnica eletrográfica especial, Kirlian teve sucesso ao colocar estes campos elétricos no papel fotográfico.

Tanto Kirlian quanto Burr foram capazes de provar nos anos quarenta, que todos os organismos vivos eram circundados por um campo de energia sutil. Ambos os cientistas também encontraram uma ligação entre a doença e as alterações nos campos elétricos no organismo. Desde os primeiros experimentos com eletrofotografia, muitos cientistas e pesquisadores fizeram avanços nesta área e obtiveram nova "compreensão" acerca dos campos eletromagnéticos de energia. Mas estamos somente no começo e precisamos de mais pesquisas.

Plano Estrutural da Matéria Física

BIOCAMPO	Padrões Organizacionais, Plano de Constituição de Toda Matéria (Terapia de biocampo, Energias de Pirâmide e de Cristal etc.)
ELETRICIDADE	Nervos, Meridianos (Eletroestimulação, Ionização, Acupuntura etc.)
BIOQUÍMICA	Órgãos, Moléculas, Células (Matéria Sólida) (Dieta, Medicina Natural, Alopatia etc.)

Vamos começar com um aspecto nosso conhecido – o bioquímico. Durante as décadas passadas, a ciência ganhou muitas contribuições acerca dos processos fisiológicos do corpo. Hoje sabemos exatamente como as moléculas específicas e as células reagem quimicamente. A engenharia genética nos capacita a penetrar ainda mais profundamente nos segredos da estrutura do corpo. Mas este é um campo muito controvertido. Possui aspectos perigosos e imprevisíveis e, portanto, requer muita ética.

A pesquisa de muitos cientistas, Dr. Harold S. Burr e Dr. Robert O. Becker entre outros, provou um sistema de corrente direta no corpo. Este sistema elétrico também funciona com os trajetos de energia sutil conhecidos a partir da acupuntura. Através dos meridianos e nervos, a energia elétrica é enviada e distribuída a todas as partes que se conectam no corpo. Hoje sabemos que não somente a alta voltagem elétrica pode causar significativas alterações no corpo, mas também a baixa, corrente sutil que está adaptada à comunicação das células. Diversos instrumentos foram usados para provar a existência de um sistema de energia elétrica no corpo e pesquisar os efeitos dos diferentes materiais e campos magnéticos no corpo, como o Ressonador Magnético Nuclear, o Calamar, a eletronografia e a pesquisa biofotônica. Mais detalhes serão vistos na seção "Como se Origina a Aura".

A partir da cura de fratura de ossos, sabemos que os sinais elétricos têm uma importância crítica no processo de recuperação. As pesquisas do Dr. Burr e do Dr. Becker confirmaram, por exemplo, que existe um plano geral na salamandra, que ensina o corpo a construir e a regenerar a si mesmo. Portanto, além do plano elétrico, deve existir um plano ainda mais sutil, um plano que contém informações.

Este biocampo parece conter os padrões organizacionais e o plano de arcabouço onde a realidade física é construída em todos os detalhes. A este plano mais sutil, foram dados muitos nomes diferentes no curso da história: radiônica, psicotrônica, ondas escalares, éter, bioplasma, chi, orgônio, energia precursora (precedendo o físico) ou biocampo. Desde que estamos lidando com um espectro completamente novo, os instrumentos convencionais no momento, não são capazes de medir estes fenômenos de biocampo. Mas em muitos casos é possível explicar o processo não entendido pela física ortodoxa.

Muitos médicos e naturopatas têm tido experiências muito boas com tratamentos holísticos. Eles tratam muitos planos do ser humano simultaneamente. O Dr. Fred Bell, especialista em sistemas de energia sutil, descreve sua experiência da seguinte maneira: "Em cada dez pessoas que eu trato com métodos bioquímicos (como alopatia, medicina natural e dieta), três em média, respondem bem. Quando se trabalha também no plano elétrico do corpo (por exemplo, com ionização e eletroestimulação), o índice de sucesso aumenta em cerca de sessenta por cento. Mas em muitos casos, a causa do problema não está nem no sistema bioquímico, nem no sistema elétrico, mas no biocampo. O biocampo precede os outros planos e é responsável pela formação da matéria física. Poderíamos dizer que estabelece parâmetros específicos, para que a eletricidade possa fluir no corpo e possam se formar as células e órgãos. Ao lidar com o biocampo, além da bioquímica e da eletricidade, posso conseguir um resultado de cem por cento com a maioria dos pacientes".

Biocampo e corpo etérico

Por milhares de anos, a medicina chinesa e a indiana considerou o aspecto sutil do plano físico como real, e o incluiu no tratamento. Lá o termo "corpo etérico" é usado com freqüência.

Resumindo, o fluxo de energia etérica é invisível ao olho humano, como a eletricidade num fio. Mas este aspecto invisível de nosso corpo é muito importante, porque afeta a energia vital que nos mantém vivos.

Aqui está um modelo que mostra a estrutura do plano físico e do corpo etérico.

Ilustração 12

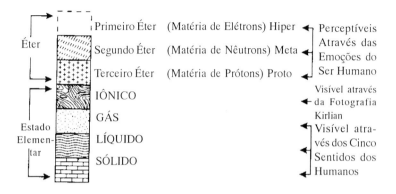

O exemplo a seguir demonstra os diversos estados da matéria: tomamos um bloco de gelo (sólido) e o colocamos numa panela no fogão. Acendemos o fogo. A emissão de calor faz com que as moléculas aumentem seu movimento. Logo a água (líquido) surge. Se a emissão continuar (neste caso através do fogão), a água fortemente aquecida vira vapor (gasoso). Quando ainda mais energia é adicionada, as moléculas d'água se fragmentam em H+ OH- (iônico). Estes quatro são os estados mais comuns do plano físico. Em nosso mundo Ocidental, temos informação suficiente acerca da composição da matéria nos estados sólido, líquido, gasoso e iônico. Mais recentemente, a ciência também tem lidado com o etérico, que é o plano subatômico da matéria. Nestes últimos anos, muito tem sido escrito acerca do corpo etérico e dos corpos de energia sutil (ver bibliografia).

V. O Campo Eletromagnético Humano

Como se forma a Aura

Antes de lidar com a conexão entre cores e aura, deve ser explicada a estrutura e o funcionamento de um campo de energia eletromagnético. O fluxo de um elétron em um meio (por exemplo, corrente elétrica em um fio ou corrente em um nervo), gera um fluxo de energia elétrica e um campo magnético. Ambos os componentes, a corrente e o campo, são unidos um ao outro e são chamados "campo eletromagnético". Existem diferentes sistemas de energia em nosso corpo, que contribuem para a formação de um campo eletromagnético. Agora devemos examinar mais de perto como o corpo forma um campo de energia eletromagnética. O Dr. Fred Bell descreve este processo em seu livro Morte da Ignorância, da seguinte maneira:

Além dos nervos e da circulação sangüínea, existem muitos trajetos de energia sutil no corpo. A medicina chinesa descreve 72 000 trajetos principais – os meridianos de acupuntura e os nadis. Os nadis mandam eletricidade através do corpo e milhões de trajetos menores transportam quantias proporcionalmente muito menores de energia. Os trajetos primários são a circulação sangüínea, os meridianos, a coluna e os nervos. A coluna é considerada o eixo principal ao redor do qual o campo de energia eletromagnética se forma. O polo norte do campo de energia humana está localizado no ventrículo cerebral, o polo sul na extremidade da coluna. Como já foi mencionado, o magnetismo se desenvolve em ângulo reto ao fluxo dos impulsos elétricos. Já que os trajetos de energia correm paralelos, eles se induzem mutuamente e reforçam uns aos outros. Isso amplia o campo eletromagnético. Para manter este processo de indução e de reforço, as correntes de energia devem estar na mesma fase e em harmonia. Quando estamos em harmonia espiritual com o universo, atingimos a fase coincidente, o fluxo harmonioso de energia no corpo. Uma pessoa com o corpo equilibrado, mente e alma equilibrados, tem um campo eletromagnético maior.

O Espectro da Consciência

Além do aspecto grosseiro dos corpos físicos, existe uma realidade sutil. O biocampo sutil penetra toda a matéria. Este corpo etérico é substancialmente responsável pelo bem-estar e por diversas atividades. O corpo físico sólido é nutrido e formado por este campo de energia mais sutil.

Embora o corpo etérico geralmente seja invisível ao olho humano, é uma substância que pertence ao corpo físico. Apenas tem uma oitava vibratória mais elevada do que a matéria grosseira. Freqüentemente percebemos isso de forma subconsciente. Foi descrito como uma substância semelhante a uma névoa indistinta, de cerca de meia a duas polegadas em torno do corpo. As pessoas com uma percepção mais aguçada são capazes de reconhecer mais detalhes e utilizá-los para a terapia.

Indo mais além, os humanos não consistem somente de corpos físicos e etéreos: eles podem sentir, amar, sofrer e ter esperança. Eles podem pensar e analisar, ter intuições inspiradoras e compreender verdades mentais-espirituais; desta forma, temos ainda outros planos de impressão e expressão. Estas são as diversas áreas da consciência, ou planos do ser. O corpo físico serve como uma espécie de veículo pelo qual os sentimentos (corpo emocional), pensamentos, intuição (corpo mental) e propriedades espirituais se unem e expressam a si mesmas num plano material. Muitas culturas e filosofias antigas falam acerca de sete corpos sutis, ou realidades de consciência, que se manifestam dentro e em volta do corpo físico. As emanações magnéticas e elétricas destes corpos sutis de consciência é que formam a aura humana.

Ilustração 14

VI. As Cores e os Chacras _____

Os Centros de Energia do Corpo

Muitas culturas antigas falam de pontos de poder no corpo, através dos quais a energia flui e é transformada. Os Índios Hopi da América do Norte consideram a si mesmos os mais antigos habitantes do continente. Em sua visão do mundo, o corpo humano é construído de acordo com os mesmos princípios da terra. Ambos têm um eixo. O eixo do Polo Norte-Sul, corresponde à coluna humana; o Polo Norte ao cérebro, o Polo Sul à extremidade da coluna. A coluna é responsável pelo equilíbrio do corpo. Não somente a maioria dos pontos nevrálgicos dos órgãos estão ao longo deste eixo, mas também os centros de poder sutil, responsáveis pela regulagem das funções físicas e mentais.

A medicina oriental trata em particular do significado do corpo etérico, ou biocampo, e seus centros de energia. Os indianos orientais chamam os centros de energia mais importantes de "chacras" ("chakra" significa "roda"). Os chacras exprimem a si mesmos no plano físico humano através das células endócrinas. Estas glândulas regulam todos os processos físicos e emocionais. Os chacras são a transição etérica e os pontos de transformação através dos quais as energias de freqüência cósmica, mais elevadas, são canalizadas para dentro do corpo físico. Esta energia vital é muito importante para a nossa saúde e bem-estar. Se o fluxo de energia de um chacra estiver perturbado, as glândulas endócrinas correspondentes e todos os processos metabólicos em contato, ficarão desequilibrados. Podemos então observar uma cadeia de distúrbios físicos e mentais funcionais.

Os sete principais centros de energia e seu posicionamento no corpo são mostrados na ilustração seguinte.

PLANO ESPIRITUAL

Energia de Transformação

PLANO MENTAL-INTUITIVO

Energia de Transformação

PLANO EMOCIONAL

Energia de Transformação

PLANO ETÉRICO

Energia de Transformação

CORPO FÍSICO
Todos os Processos Fisiológicos
(como Divisão Celular,
Fluxo Hormonal e Funcionamento Nervoso)

Toda a matéria física e sutil tem uma freqüência vibratória específica. Assim como as ondas de rádio e de TV podem coexistir sem influência mútua ou perturbação, os diversos corpos de energia da matéria física e sutil podem coexistir no mesmo espaço sem problemas. É necessário que o fluxo de energia de um plano esteja conectado ao plano subseqüente.

Se os diversos corpos de consciência de uma pessoa (planos emocional, mental e espiritual) não estivessem interconectados, nenhuma informação poderia ser trocada dentro destes planos. Não poderíamos expressar nossos sentimentos na vida diária, nem traduzir nossas idéias intelectuais e intuitivas com criatividade. Como qualquer sistema, o corpo humano necessita de centros de transição, ou pontos de troca. Em nosso corpo físico, os chacras (centros de energia) servem como transformadores. Eles transformam as correntes que provêm dos corpos energéticos de freqüência mais fina e mais elevada (emocional-mental-espiritual), a fim de que nosso corpo físico possa utilizar esta energia adaptada.

Podemos ilustrar este processo com um exemplo da vida diária: máquinas industriais grandes, requerem eletricidade de 440 volts ou mais. Para o uso doméstico, a voltagem precisa ser reduzida para 110. Se você ligar um eletrodoméstico com voltagem mais elevada, ficará rapidamente com defeito e quebrará. Em nossa sociedade industrial, o suprimento de eletricidade geralmente é centralizado; uma companhia de eletricidade é responsável por uma área específica. Através de fios ela distribui eletricidade para as casas e fábricas daquela região, onde a corrente é então adaptada a diversos propósitos. A transformação de voltagem depende da necessidade, por exemplo, 110 volts para eletrodomésticos e 440 volts para fábricas.

Princípios semelhantes de transformação de energia se aplicam ao corpo humano. Pode ser mais fácil compreender este conceito se imaginarmos as diversas áreas da consciência humana como corpos reais, com existência.

O gerador de energia que dirige, anima e dá alma a nosso sistema humano, fica no plano espiritual do ser. Este corpo espiritual é também chamado aspecto divino em nós, a conexão com a criação que a tudo abarca. A partir desta unidade, a energia flui para os outros corpos de energia, ou planos do ser humano. Cada corpo tem que cumprir diferentes tarefas e requer, portanto, uma qualidade específica de energia, ou voltagem. Em cada plano existem determinados pontos de transformação, que adaptam a energia ao plano seguinte. Este exemplo corresponde ao fornecimento de eletricidade central numa estação de transformação, que serve como chave de contato. Ela fornece força com voltagens diferentes para diversos usuários (110 ou 440 volts).

O universo inteiro está conectado a um poder primordial. Esta força é modificada de acordo com as necessidades do plano mental, do emocional e do físico. Em seu caminho da unidade divina para os diversos planos do ser, a energia primordial perde cada vez mais sua força e intensidade. Quanto mais perto chegamos do plano físico, mais a freqüência vibratória diminui, até que atinge o espectro de freqüência conhecido por nós – o corpo físico.

As pesquisas já demonstraram estes centros de conexão e transformação dos corpos físico e etérico. É possível estabelecer uma conexão direta entre os nervos, o sistema circulatório e os trajetos de acupuntura, os meridianos. Há muita pesquisa em andamento, especialmente na área de medicina energética, e podemos esperar uma compreensão revolucionária nos próximos anos.

Tanto os humanos quanto o universo, consistem em diferentes planos – espiritual, emocional e mental. O corpo humano e o corpo cósmico diferem somente em seu comprimento de onda, suas freqüências. Isto significa que o poder divino se acha não somente fora, mas também dentro de nossa existência. Por possuírem os humanos o poder da imaginação, eles podem se ajustar, eles mesmos, mentalmente, aos diversos corpos de energia, ou planos de consciência, e alterá-los. Todos os métodos que expandem a consciência, incluindo a meditação, fazem assim.

Chacras e consciência

Nossa consciência pode se mover dentro de nosso ser multidimensional, através de diferentes planos de consciência. Estas alterações podem ocorrer com mais rapidez do que freqüência. Por isso, os centros de energia do corpo são muito importantes. Cada chacra serve como uma espécie de estação de emissão e recebimento para áreas específicas da consciência ou vibração. Quando a atenção está centrada em um chacra, a pessoa lida primordialmente com um "tema" associado ao respectivo chacra.

Significado dos chacras

Através de suas habilidades de clarividência, os rishis da antiga Índia receberam conhecimento acerca do sistema de energia humana. Esta ciência foi então compilada no antigo livro do conhecimento – os Vedas. Na Índia, como em muitas outras culturas aprimoradas e antigas, os chacras foram associados a determinadas cores, elementos, símbolos e propriedades. Existe uma determinada afinidade vibratória entre estas associações. Por exemplo: o som da palavra LAM (um mantra), juntamente com a visualização de um retângulo amarelo-ouro (um yantra), produz uma determinada vibração. Isso, por sua vez, ressoa no corpo, por exemplo, com o elemento terra, com as glândulas sexuais, com o primeiro chacra, a cor vermelha, o planeta Marte e o rubi. Quando existirem desequilíbrios correspondentes, a técnica descrita poderá ter um efeito harmonizador. Determinadas técnicas de meditação utilizam este conhecimento.

Quando as pessoas estiverem ligadas principalmente às coisas físicas, a seus problemas do dia-a-dia e aos interesses materiais, sua consciência está centrada fundamentalmente no primeiro chacra. Seus pensamentos e sentimentos estarão orientados materialmente e suas atividades diárias se atêm mais com a segurança e a sobrevivência. Mas mesmo quando a atenção está centrada no primeiro chacra, as personalidades e as fotos da aura variam enormemente. Dependendo de seu desenvolvimento, a personalidade pode mudar do violento e destruidor ao fisicamente ativo e cheio de alegria de viver. A atenção ainda está no primeiro chacra, mas a qualidade ou expressão de energia podem variar. No campo da energia eletromagnética humana, o estado de consciência do primeiro chacra estará voltado para uma cor avermelhada. De acordo com o desenvolvimento e a personalidade, pode surgir um vermelho escuro, um vermelho sujo e até um vermelho brilhante e puro. O vermelho escuro pode indicar um comportamento extremamente materialista ou uma ligação ao álcool e às drogas. O vermelho claro na aura, geralmente indica uma pessoa sensível que lida bem com o ambiente, mas está ligada às coisas materiais.

Temos a mesma situação quando os indivíduos concentram sua atenção no terceiro chacra. O amarelo que então predomina no campo eletromagnético, pode ser amarelo escuro, indo até o amarelo dourado. As pessoas egoístas que tentam controlar e usar seu ambiente e as outras pessoas, gerarão em sua aura um amarelo escuro. O amarelo escuro tem um efeito limitador. Uma pessoa forte, carismática, estimada na comunidade, provavelmente também irá ter amarelo no campo eletromagnético. Este amarelo, contudo, será claro e brilhante.

Todos os centros da energia humana funcionam desta forma. Cada pessoa habita um determinado plano de consciência, dependendo do estágio de desenvolvimento. Este plano irá aparecer com maior intensidade. Os planos estão conectados ao campo eletromagnético através dos chacras. As pessoas orientadas física e emocionalmente, provavelmente mostram mais vermelho, laranja e amarelo em suas auras. Pessoas espiritualizadas e criativas irão mostrar mais azul, violeta e branco.

Os mapas a seguir elucidam a conexão entre centros de energia e qualidades humanas específicas.

Primeiro Chacra: Luta pela sobrevivência, necessidades básicas, poder de afirmação, relacionamento com a terra

Cor principal:	Vermelha
Sentido:	Olfato
Som:	LAM
Elemento:	Terra
Símbolo do elemento:	Retângulo amarelo-ouro
Glândula endócrina:	Gônadas
Corpo:	Centros reprodutores
Harmonioso:	Vitalidade, Atividade, Forte Sexualidade, Capacidade de Discernimento, Estabilidade
Em desarmonia:	Desejos sexuais, Letargia, Ilusões, Forte Egocentrismo, Ansiedade Severa

Segundo Chacra: Emoções e sentimentos, sexualidade, sensualidade

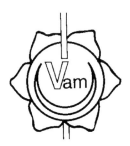

Cor Principal:	Laranja, Amarelo
Sentido:	Paladar
Som:	VAM
Elemento:	Água
Símbolo do elemento:	Crescente Prata-Branco
Glândula Endócrina:	Adrenais
Corpo:	Sangue e Linfa, Sucos Digestivos, Rins, Bexiga.
Harmonioso:	Adaptabilidade, Auto-Satisfação, Boa Circulação
Em desarmonia:	Circulação Precária, Problemas dos rins e da Bexiga, Ciúmes, Solidão

Terceiro Chacra: Desenvolvimento da personalidade, influência e poder, atividade intelectual

Cor Principal:	Amarelo, Azul
Sentido:	Visão
Som:	RAM
Elemento:	Fogo
Símbolo do Elemento:	Triângulo Vermelho
Glândula Endócrina:	Pâncreas
Corpo:	Sistema Digestivo, Fígado, Baço, Vesícula Biliar, Bexiga
Harmonioso:	Coragem, Criatividade, Independência, Personalidade Forte
Em Desarmonia:	Problemas do Fígado, Vesícula Biliar e Olhos, Dependência, Arrogância, Ansiedade

Quarto Chacra: Cura, amor, devoção, cuidados, auto-suficiência

Cor Principal:	Verde, Branco
Sentido:	Toque
Som:	YAM
Elemento:	Ar
Símbolo do Elemento:	Cinza - Verde Acinzentado
Glândula endócrina:	Timo
Corpo:	Coração, Pulmões, Pele, Circulação Sangüínea
Harmonioso:	Amor, Auto-Suficiência, Generosidade
Em desarmonia:	Respiração e Problemas Circulatórios, Asma, Avareza, Egocentrismo, Indecisão, Ansiedade

Quinto Chacra: Expressão, criatividade, comunicação, inspiração

Cor Principal:	Azul Claro - Azul
Sentido:	Audição
Som:	- -
Elemento:	- -, Azul Celeste
Símbolo do Elemento:	- -
Glândula Endócrina:	Tiróide
Corpo:	Garganta, Pescoço, Esôfago, Órgãos da Fala
Harmonioso:	Boa Comunicação, Expressão, Criatividade
Em desarmonia:	Raiva, Falta de Comunicação, Aversão a Tudo, Infecções

Sexto Chacra: Intuição, força mental e de vontade, conhecimento

Cor Principal:	Índigo, Violeta
Sentido:	Intuição
Som:	HAM-KSHAM
Elemento:	Éter
Símbolo do Elemento:	Círculo Azul-Celeste
Glândula Endócrina:	Pituitária
Corpo:	Olhos, Face, Sistema Nervoso Central, Equilíbrio Físico
Harmonioso:	Popularidade, Intuição, Ética Elevada, Clareza
Em desarmonia:	Dependência, Desejos não Preenchidos, Indecisão, Desequilíbrio

Sétimo Chacra: Conhecimento e iluminação, conexão com os planos mais elevados da consciência, espiritualidade

Cor Principal:	Violeta, Branco
Sentido:	Conexão com o Plano divino (Cosmos)
Som:	OM
Elemento:	Espaço, Éter
Símbolo do Elemento:	Lótus de Mil Pétalas
Glândula Endócrina:	Corpo Pineal
Corpo:	Cérebro
Harmonioso:	Vida Harmoniosa e Integrada, Iluminação
Em desarmonia:	Morte, Coma, Inconsciência Completa

Cores e Consciência

A maioria de nós não está atenta às nossas interações diárias com as cores. As cores principais das roupas e do ambiente do lar mudam durante determinadas fases da vida? Como um humor momentâneo pode influenciar na escolha das roupas? Qualquer um que tenha lidado conscientemente com as cores terá verificado quão simples e, no entanto, interessantes podem ser as interações das cores. Você pode testar, por exemplo, como se sente com roupas amarelas. Você sente e pensa diferente com roupas vermelhas? Você também pode experimentar as cores de preferência em seus amigos. Quando alguém veste azul claro, esta pessoa também mostra uma personalidade transparente, calma e introvertida? Em qualquer ambiente, você verá as cores que correspondem àquela situação. Por que, por exemplo, a maioria das pessoas em discotecas e clubes noturnos usam roupas pretas, violeta ou escuras?

A arte da preferência da cor é capaz de educar-nos acerca das áreas sutis de nosso ser. Pode então nos ajudar a aumentar o esclarecimento a respeito do nosso Eu.

A Cor do Espectro

Como já foi explicado, quanto ao espectro de freqüência, em última análise, tudo é vibração, e cada vibração se relaciona à outras freqüências. Som, cor, calor, luz e magnetismo diferem uns dos outros somente pelas freqüências vibratórias e espécie do que os conduz. Vamos olhar novamente a uma pequena seção do espectro de freqüência:

Ilustração 15

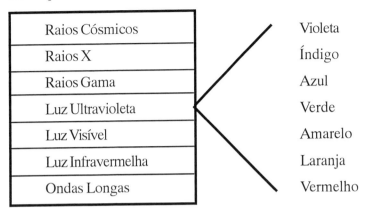

Mais ou menos na metade do espectro conhecido existe uma pequena faixa de largura de ondas que podemos perceber com o olho humano. Estas são as cores vermelha, laranja, amarela, verde, azul, índigo e violeta.

Elas diferem umas das outras em freqüência e comprimento de onda. Os comprimentos de onda na faixa da luz visível, variam de cerca de 740 nanômetros para a cor vermelha, a cerca de 400 nanômetros para a violeta. O olho físico somente pode perceber cores que caiam nesta faixa. O vermelho tem o comprimento de onda mais longo e a freqüência vibratória mais baixa. O violeta é caracterizado pelo comprimento de onda mais curto e a freqüência mais alta da luz visível. Além do espectro visível de luz, encontramos os raios infravermelhos do outro lado. Tanto as cores visíveis quanto as cores invisíveis podem influenciar fortemente nosso organismo e nosso humor. Na terapia pelas cores, freqüências de cores do espectro visível são usadas para alterar determinados estados físicos e emocionais. A arte de curar também usa as cores invisíveis, como raios infravermelhos, raios X, raios eletromagnéticos e bioenergéticos para diagnóstico e terapia.

Terapia pela Cor

O famoso médico e naturalista Paracelso (1493-1541) é visto como um dos co-fundadores da cura holística natural. Para Paracelso, a doença era um estado global; significava distúrbio no organismo. "Desestabilização" como um estado, não é – como pensamos com freqüência hoje em dia – um acúmulo de muitos sintomas, que são então catalogados como "desestabilizações" variadas. Afinal, o estado equilibrado, harmonioso do organismo, não se chama "saúdes", mas "saúde". De acordo com Paracelso, não há doenças, somente pessoas doentes. Por isso, não se prescreve medicação para doenças específicas (isto é: sintomas). Em vez disso, o médico deve ativar o poder de autocura do corpo. Escolhendo-se os remédios e métodos de tratamento corretos, no momento correto, a pessoa como um todo (corpo, mente e alma) ficará equilibrada.

O poeta alemão Johann Wolfgang Von Goethe (1749-1832) estudou os efeitos da cor. Em seu trabalho "A Teoria da Cor", ele relatou suas experiências e pesquisas. Goethe estava convencido da importância das cores e seus efeitos no corpo humano e na psique. Ele acreditava numa estreita relação entre cores e sentimentos.

A terapia pela cor é usada com freqüência para ativar o poder de autocura do organismo. O conhecimento do uso das cores aumentou enormemente nos últimos anos, tanto na vida particular quanto na vida profissional. Os empregadores escolheram determinadas cores e efeitos de sombra para os locais de trabalho, a fim de aumentar a produtividade dos empregados e criar uma atmosfera de trabalho agradável. Muitas pessoas se sentem bem em roupas de determinada cor. Os sensitivos usam conscienciosamente as cores de seu guarda-roupa. Usadas junto à pele, as roupas vermelhas podem ter um efeito de aquecimento ou um efeito estimulante. As roupas azuis podem criar uma determinada distância ou inacessibilidade nas relações entre os humanos. Roupas pretas ou escuras são freqüentemente usadas de forma inadvertida pelas pessoas que ainda não se realizaram, que têm problemas com sua identidade e falta de autoconfiança. Algumas cores podem desencadear agressão ou mal-estar.

Ilustração 16

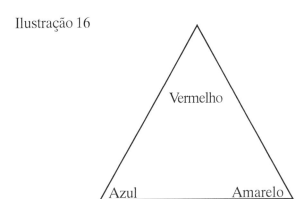

Quando se misturam as três cores primárias, vermelho, azul e amarelo, conseguimos um outro espectro de cores:

Vermelho com Amarelo gera Laranja,
Amarelo com Azul gera Verde,
Azul e Vermelho gera Púrpura.

Quando todas as cores são colocadas num círculo, podemos reconhecer as leis fundamentais das cores. As cores secundárias laranja, verde e violeta resultam da combinação de duas das cores primárias, vermelho, amarelo e azul. A cor complementar está sempre localizada do lado oposto do círculo de cores. A cor complementar do vermelho é o verde, do amarelo, violeta e do azul, laranja, e vice-versa. As cores vermelho, laranja e amarelo são consideradas quentes. Azul, índigo e violeta são consideradas frias, e o verde, neutro.

Ilustração 17

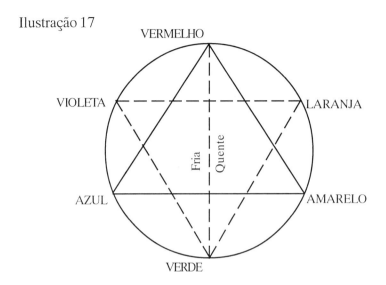

Significado das Cores

Nas terapias da cor e da aura, as cores estão associadas à habilidades e qualidades específicas. As cores podem ter um efeito curativo ou estimulante sobre o organismo; elas podem nos tornar tristes ou eufóricos.

As associações de cores descritas neste capítulo devem servir somente como uma referência geral. Não são padronizadas ou estáticas. As associações de cores são provindas de nossa própria experiência, da Fotografia das Imagens da Aura, terapia pela cor e de pessoas particularmente sensíveis. Muitas pessoas têm contribuído com qualidades e associações específicas que descobriram em seu trabalho de pesquisa.

As associações e qualidades das cores são muito importantes para a interpretação de um quadro da aura. A compilação a seguir deve servir como uma visão geral. Não é nada completa e não tem valor médico. Em casos de doença, deve-se consultar um médico ou um naturopata.

Em primeiro lugar, vêm as cores quentes. Na terapia pela cor, são consideradas tanto as associações psicológicas quanto as fisiológicas das cores em separado.

A COR VERMELHA: O Primeiro Chacra

O vermelho responde pelo elemento fogo, que é importante para todos os seres. Sem fogo, tudo iria congelar. Sem calor, o movimento e a atividade seriam impossíveis. O vermelho é usado na terapia pela cor, quando as forças vitais precisam ser estimuladas ou renovadas, quando a energia da vida, que foi cortada, precisa fluir harmoniosamente uma vez mais. Os raios vermelhos estimulam o fígado e formam hemoglobina (células sangüíneas vermelhas) no corpo. Elas produzem calor que revitaliza e energiza o corpo físico. O vermelho ativa a circulação, o fluido cerebrospinal e o sistema nervoso simpático. Ajuda nos problemas dos nervos sensoriais – audição, paladar, olfato, visão e toque. Na terapia pela cor, o vermelho estimula o metabolismo e a purificação. Pode dissolver a congestão e os coágulos, expandir os vasos sangüíneos e produzir sangue. Quando aplicado em excesso, o vermelho pode causar febre e inflamações. Na maioria dos casos é, portanto, combinado com outras cores, especialmente o azul. Um tratamento adicional de raios vermelhos não é feito com as pessoas que já têm muito vermelho, significando fogo e calor, em seu corpo, provenientes de febre, inflamação, desequilíbrio emocional, hipertensão ou face ruborizada.

Associação Orgânica:
Coração, circulação, órgãos sexuais, rins, bexiga.

Temperamento: Colérico.

Qualidades Psicológicas:

Harmonioso: vitalidade e saúde física, vontade e poder, força, estado de alerta e independência, emotividade (do desespero à alegria exuberante), motivação, espontaneidade, liderança natural, iniciativa, extroversão, temperamento forte e orgulhoso, coragem e paixão, sexualidade e emanação erótica, divino espírito do fogo.

Em desarmonia: raiva, ira, frustração, confusão, violência, destruição, vingança, rebelião, impaciência, natureza tirânica e despótica, insanidade, superatividade, stress.

A COR LARANJA: O Segundo Chacra

Laranja é a combinação de vermelho e amarelo. Como o vermelho é uma cor quente e tem por isso um efeito estimulante sobre o organismo. Na terapia pela cor, o laranja é usado para tratar a asma, a bronquite e outros problemas respiratórios e dos pulmões. Também dá sustentação ao metabolismo do cálcio (a cor espectroscópica do cálcio é laranja). O laranja tem um efeito relaxante e anti-espasmódico sobre o corpo. É levemente estimulante e sustenta a circulação sangüínea. Na área psicológica, é freqüentemente usada quando a felicidade e o interesse pela vida foram perdidos e precisam ser reativados. O laranja combina a energia física e as qualidades mentais. É associado ao baço e ao pâncreas (segundo e terceiro chacras). O laranja fortalece especialmente o corpo etérico e o biocampo. Tem um efeito antidepressivo e letárgico, fortalece o metabolismo e proporciona a saúde.

Associação orgânica:
Sistema digestivo, baço, pâncreas, rins.

Temperamento: Combinação do colérico e do sangüíneo.

Qualidades psicológicas:

Harmoniosas: inteligência ativa, pensamento analítico, autoconfiança, invenções, idéias, conceitos mentais, automotivação, capacidade de curar, comunicação interna e externa, prosperidade.

Em desarmonia: ignorância, pompa, agressão, pensamento competitivo.

A COR AMARELA: O Terceiro Chacra

O amarelo ativa os nervos motores e daí por diante, gera energia muscular. Já que o amarelo é uma combinação dos raios vermelho e verde, participa da energia estimulante do vermelho e da energia regenerativa do verde. O amarelo é muito vantajoso para os nervos e para o cérebro. Na terapia pela cor, o raio amarelo de tratamento é utilizado para problemas psicológicos como melancolia, depressão e cansaço da vida. Responde pela suavidade e animação; anima e conforta. O amarelo controla o plexo solar (terceiro chacra) e a digestão. A luz amarela tem um efeito positivo sobre os órgãos da nutrição – fígado, intestinos, estômago, baço e fígado. A purificação e a eliminação através do fígado, cólon e pele são promovidas pelo tratamento do raio amarelo e por ele as doenças podem ser prevenidas. O amarelo aumenta a secreção, fortalece os nervos e a digestão, estimula o suco gástrico e o fluxo da linfa e purifica o sangue.

Associação Orgânica:
Fígado, vesícula biliar, estômago, intestinos, pulmões, próstata, glândula tiróide, tubos brônquicos.

Temperamento: Sangüíneo.

Qualidades Psicológicas:

Harmonioso: talento para a organização, forte intelecto e personalidade, disciplina, conhecimento, administração, honestidade, harmonia, capacidade de bom aprendizado, carreiras que utilizam a mente, cientista, negociantes, político.

Em desarmonia: cético e crítico, teimoso, egoísta, cínico, controle dos pensamentos, ignorância, intolerância, preguiça, desgosto.

Todas as cores quentes (vermelho, laranja, amarelo) têm qualidades ativadoras e estão, portanto, associadas à polaridade yang (yang: masculino, positivo, ativo, fogo, calor). As cores frias (azul, índigo, violeta) tendem mais à polaridade yin (yin: feminino, negativo, passivo, água, frio). Verde é uma cor neutra.

A COR VERDE: O quarto Chacra

Verde é a cor do nitrogênio. Numa proporção de setenta e oito por cento, o nitrogênio forma o componente principal de nossa atmosfera. É necessário à formação dos ossos, músculos e outros tecidos. A cor verde mostra equilíbrio e harmonia. O verde simboliza os ciclos harmônicos da natureza e é a cor principal para a cura. O verde mostra o repouso, a recreação, força de recuperação e regeneração. Na terapia pela cor, o verde é usado principalmente para acalmar a irritação, equilibrar vibrações sem harmonia e dar substância à novas estruturas de vida. O verde não é nem ácido nem alcalino. Tem um efeito sobre o sistema nervoso simpático, equilibra as tensões nos vasos sangüíneos e diminui a pressão sangüínea. O verde é considerado um estabilizador e estimulante da glândula pituitária. O sistema nervoso se acalma, e a insônia, e se previnem a falta de equilíbrio e a exaustão. O verde tem um efeito de equilíbrio, efeito calmante e promove a absorção de oxigênio no corpo. É a cor da energia, da juventude, do crescimento, da esperança e da nova vida.

Associação de órgãos:
Pulmões, tubos brônquicos, músculos, ossos.

Temperamento: Fleumático.

Qualidades Psicológicas:

Harmonioso: aceitação, esperança, expansão, procriação, crescimento e mudança, nova vida, unidade do corpo, alma e mente, conexão com a natureza, comunicação, ator, jardineiro e fazendeiro, amor universal.

Em desarmonia: ciúmes, pessimismo, resistência, inveja, sentimentalismo piegas, descontentamento, superficialidade.

A COR AZUL: O quinto Chacra

Embora a cor azul tenha a mais alta energia no espectro de cores, tem um efeito muito calmante sobre o organismo inteiro. Azul é a cor mais pura, mais refrescante e mais profunda e garante o descanso, a recreação, o relaxamento, o sono e a regeneração. O azul dissolve o nervosismo e as queixas orgânicas causadas pelos nervos. O azul diminui a pressão sangüínea e o índice cardíaco. O azul é a cor curativa mais importante para as queixas menopáusicas. Retesa os tecidos e impede o crescimento tumoral. Sendo frio e elétrico, tem qualidade de contração. Nas inflamações, o azul pode relaxar e esfriar. É também a cor da meditação, do crescimento espiritual, da intuição e das mais elevadas qualidades mentais. O chacra da garganta, sede do poder criativo, é controlado pelo azul. Um tratamento muito prolongado com raio azul, faz com que algumas pessoas fiquem cansadas ou até deprimidas. Isso pode ser também observado com roupas ou mobiliário azul.

Associação orgânica:
Órgãos sensoriais, células nervosas, cérebro, coluna espinal, pele e pêlos.

Temperamento: Melancólico.

Qualidades Psicológicas:

Harmoniosas: amor, sabedoria, verdade, confiança, polidez, equilíbrio interior, descanso, centralização, honestidade, silêncio, segurança, paciência, perdão, cooperação, sensibilidade, soberania, devoção, Consciência de Deus.

Em desarmonia: reserva, desistência, temor, ansiedade, isolamento, depressão, tristeza, passividade, frieza emocional, falta de interesse, autocomiseração.

A COR ÍNDIGO: O Sexto Chacra

Por causa de seus atributos frios, elétricos, o índigo também faz parte das cores frias. O índigo purifica a circulação sangüínea. Controla o fluxo de energia psíquica do corpo sutil, através do sexto chacra (centro da energia espiritual ou terceiro olho). Nos planos físico, astral e espiritual, o índigo influencia a visão, a audição e o olfato.

Associação orgânica: Ouvidos, olhos, nariz.

Temperamento: Combinação de fleumático e melancólico.

Qualidades Psicológicas:

Harmoniosas: inspiração, unidade, descanso, equilíbrio, síntese, capacidade de curar, silêncio interior, visão de Deus, visão da aura, padre, psicólogo e assistente social.

Em desarmonia: orgulho, arrogância, limitação, atitude totalitária em relação à vida.

A COR VIOLETA: O Sétimo Chacra

Na terapia pela cor, o violeta é considerado uma cor inspiradora e espiritual. Leonardo da Vinci disse: "O poder da meditação pode ser aumentado dez vezes através da aplicação da luz violeta". O violeta corresponde ao sétimo chacra (corpo pineal) e tem uma fantástica capacidade de cura. Na terapia pela cor, ele estimula o baço, aumenta a produção de leucócitos e purifica o sangue.

Qualidades Psicológicas:

Harmoniosas: devoção, intuição, criatividade, qualidades supra-sensoriais, capacidade de absorver informação espiritual, idealismo, atitude meditativa e de reflexão, transformação e transcendência.

Em desarmonia: injustiça, martírio, obsessão, intolerância, impotência, punição, magia negra.

A COR BRANCA

Todas as cores do espectro se unem na luz branca. A luz branca do sol, contém a cor inteira do espectro, do vermelho-laranja ao azul-violeta. Em algumas situações podemos ver todas estas cores em um arco-íris, por exemplo, ou quando a luz passa através de um prisma. Muitas formas de terapia e meditação usam a luz branca como um meio de cura ou para a transformação da consciência.

Qualidades Psicológicas:

Harmoniosa: espiritualidade, energia da luz, forte conexão com o espiritual, pureza e claridade, unidade de todas as cores, planos elevados de consciência, energia divina, iluminação.

Em desarmonia: muito pouco contato com a terra, devaneios, concentração muito alta de energia (energia forjada, dor), falta de centro, acúmulo de energia descontrolada.

As cores da Aura

A interpretação das cores da aura nunca é estática ou absoluta. A energia sempre se conduz de acordo com padrões específicos, mas a causa pode ser diferente de pessoa para pessoa. Por exemplo, um amarelo poderoso em sua aura, indica um centro ativo no plexo solar. Mas pode haver muitos motivos para que estejam ativos sua energia, ego e intelecto. Talvez você seja o dono de sua empresa, e precise emanar autoconfiança e poder. Ou você encabeça um projeto científico que requer toda sua capacidade intelectual. Mas talvez você tente compensar sua falta de autoconfiança aumentando o esforço pessoal. Vemos assim, que um grande número de fatores pode gerar amarelo na aura. Além do conhecimento esboçado aqui, uma aguçada sensibilidade e uma intuição bem desenvolvida são úteis a uma interpretação mais cuidadosa.

As definições de cores, não significam julgamento, nem positivo nem negativo, e devem ser interpretadas como energias neutras. Atividade, paixão e masculinidade não são nem boas nem más. Ser ativo é basicamente um bom traço. Muita atividade, no entanto, pode levar ao stress e à tensão. O mesmo ocorre com o idealismo. De um lado, os ideais podem nos dar diretivas e ética. Por outro lado, o idealismo pode virar fanatismo e rigidez. Assim, dessa forma básica, a energia é sempre neutra. Como as pessoas dirigem e vivem suas energias, depende de sua consciência.

Também, cada pessoa tem um relacionamento diferente com as cores. Por isso, as cores precisam ser lidas individualmente. Quando se pede a um grupo de pessoas para imaginar a cor azul, cada um irá imaginar um tom diferente de azul e associar diferentes experiências a ele. Para uma pessoa, o vermelho tem um significado por assim dizer, positivo, para outra, negativo. Especialmente na Fotografia das Imagens da Aura, as associações de cores devem ser vistas subjetivamente. Eis aqui um pequeno rol de diferentes tons e variações de cores, comumente encontrados na aura.

Vermelho: Atividade, extroversão, movimento, vitalidade, saúde, emotividade.

Vermelho claro: Alegria, erotismo, sexualidade, paixão, sensibilidade, feminilidade, amor.

Vermelho escuro: Vigor, poder da vontade, masculinidade, zanga, raiva, liderança, coragem, ânsia, malícia, ira.

Marrom escuro: Egoísmo, falta de carinho, vulgaridade, vício, doença, destruição.

Laranja: Inteligência ativa, autoconfiança, alegria de viver, alegria na expressão, contentamento, calor, sensação, comportamento cosmopolita.

Laranja-Vermelho: Desejo, prazer, sede de ação, idealismo, orgulho, vaidade.

Laranja-Amarelo: Intelecto aguçado, autoconfiança, empenho.

Amarelo: Intelecto e mente, talento para a organização, disciplina, personalidade, ego.

Amarelo Claro: Abertura, comportamento à vontade, inteligência clara, personalidade forte, frescor.

Ocre:	Estabilidade, realidade, parcimônia, tensões, restrição, controle, avareza, egoísmo.
Verde:	Crescimento, mudança, natureza, devoção, descanso, neutralidade, amor.
Amarelo-Verde:	Simpatia, compaixão, comunicação, pacificação, franqueza.
Verde escuro:	Expressão, representação do eu, adaptabilidade, vitalidade, astúcia, fraude, engodo ou tapeação, materialismo.
Azul:	Introversão, descanso, aprofundamento, frieza, solidão, verdade, devoção, sabedoria.
Azul Claro:	Devoção aos ideais, leveza, religião, solidão, reserva.
Índigo:	Capacidade de curar, amabilidade, reticência, seriedade, precaução, moralidade, busca de proveitos, materialismo.
Lavanda:	Misticismo, magia, profundidade, obsessão, intolerância.
Cor-de-rosa:	Sensibilidade, emotividade, feminilidade, pieguice, aspiração, leveza.
Violeta:	Intuição, arte, criatividade, capacidades sobrenaturais, fé, imaginação, imaterialidade, reticência, mistério.
Branco:	Intelectualidade desenvolvida, espiritualidade, visão de Deus, consciência elevada, devaneio, energia forjada, dor.

A Forma da Aura

Além da cor, a forma da aura é muito importante para a interpretação. Não é suficiente considerar somente o arranjo de cores. Estudando também a forma do campo de energia, podemos compreender muito acerca da pessoa. A partir de nossa experiência com muitas fotos de aura, conhecemos a forma que mostra as tendências básicas da pessoa. Uma aura muito colada ao corpo, pode indicar uma forte reticência ou introversão, geralmente em conjunção com a cor azul no campo de energia. Uma aura que se estenda para fora, geralmente indica uma energia poderosa, atividade e extroversão. Se for encontrada uma alta concentração de energia, ou em torno de uma parte específica do corpo, ou centro de energia, esta área é mais ativa. Por exemplo, quando a forma da aura se concentra principalmente em torno do centro da garganta, este chacra recebe muito mais atenção. Isto pode se manifestar de forma harmoniosa (como numa boa comunicação e expressão) ou em desarmonia (como nos problemas da fala, tensões e inibições). O mesmo ocorre com muito pouca energia visível. Tensões ou problemas nessa área, são provavelmente responsáveis pelo decréscimo do fluxo de energia; a aura, no entanto, pode mudar, dependendo da condição geral de cada um. Nossa experiência mostra que a ênfase principal de uma aura, permanece. Se o centro da cabeça da pessoa estiver particularmente ativo, isso irá aparecer em todas as fotos de aura, de uma forma ou de outra.

Alterações da aura

O campo de energia eletromagnética pode mudar muito rápido. A cor da aura pode mudar do vermelho para o vermelho-amarelo ou do vermelho-branco para o vermelho-violeta dentro de poucos minutos. A aura não é estática e está sujeita a mudar momentaneamente, bem como durante um longo período de tempo. Como isso é possível? Não é a aura algo estático que pode mudar somente após muitos meses, anos ou décadas?

O campo eletromagnético de uma pessoa está sujeito à muitas influências, tanto de dentro quanto de fora. É possível ver estas influências com fotos Kirlian e Fotografia de alta voltagem das Imagens da Aura, que lidam parcialmente com um procedimento técnico de medição. Muitos sensitivos clarividentes relatam padrões semelhantes, revelando características dos fenômenos de mudança nos padrões da aura. Fatores tais como a qualidade do ar e da comida, álcool, condições ambientais, influências de outras pessoas e uma atmosfera estressante ou harmoniosa, podem causar alterações da aura. Quando as pessoas se encontram, trocam algo de sua energia. Uma pessoa com uma aura forte, pode inconscientemente influenciar uma pessoa com uma aura fraca, positivamente ou não. Pessoas fortes podem impor suas cores às pessoas fracas e daí para a frente dominá-las. Quando uma pessoa forte entra num recinto, se torna de imediato o centro das atenções, sem dizer ou fazer qualquer coisa. Chamamos a esta pessoa, carismática, mas muito poucas pessoas estão cientes de que o carisma existe realmente além de uma característica abstrata.

Um grupo de pessoas com os mesmos interesses, freqüentemente irão constituir uma espécie de aura de grupo. Desde que todas as pessoas estejam em ressonância, i.e., estejam igualmente sintonizadas pelo corpo, emoções e mente, o campo de energia eletromagnética vibra harmoniosamente e na mesma cor de aura. Podemos observar este fenômeno nos acontecimentos sociais.

Naturalmente, o comportamento emocional e mental de cada um é muito importante, revelado nos raios da aura, que são fortemente influenciados pelas formas-pensamento dos corpos mental e emocional, e pelas qualidades vitais dos corpos físico e etérico. A fotografia Kirlian é capaz de mostrar o quanto de pensamento negativo está bloqueando de fato a aura, e o quanto de pensamento positivo que a está fortalecendo. As pessoas que vêem a aura, relatam cada vez mais como fatores tais quais pensamentos, sentimentos, comida e ambiente, influenciam diretamente a emanação de energia em torno do corpo. Quando falamos a alguém sobre o assunto que nos afeta emocional ou mentalmente, a aura muda de acordo.

A aura também pode mudar sem que gente se dê conta. De acordo com o desenvolvimento de cada um, cada pessoa está num estágio diferente de aprendizado e de consciência. A atenção pode vagar pelos diversos planos do ser, consciente ou inconscientemente, e causar alterações na estrutura e na cor da aura. Quando dormimos, durante o sono, nossa consciência se abriga no "astral" ou mundo do sonho, apesar de que possamos não nos dar conta disso. Da mesma maneira, muitas pessoas estão apáticas e sem vida durante o dia e dificilmente prestam atenção no ambiente.

Durante uma conversa, um observador treinado pode às vezes verificar que o interlocutor não presta atenção ao assunto, mas antes, lida com um problema emocional, tal como uma discussão com a própria mãe. Neste caso, a mente consciente não está centrada no corpo, mas se perde num sentimento passado. Se este processo interior for mencionado às pessoas, freqüentemente elas não estão cientes da digressão. O mesmo problema ocorre na área mental. Se a mente consciente não estiver ancorada no corpo, a atenção vagueia por padrões de pensamento. Por exemplo, quando se fala de dinheiro com uma pessoa com problemas financeiros, antigos padrões podem se tornar ativos de imediato: "Eu não tenho dinheiro suficiente, portanto estou na miséria!" E a pessoa irá se comportar de acordo com este padrão de pensamento.

A maioria das pessoas têm dificuldade de se concentrar numa coisa, completamente influenciadas pelas estruturas emocionais ou mentais, mesmo que por uns poucos segundos ou minutos. Tente você mesmo. Pegue uma vela e tente se concentrar nela por um minuto, sem ter um pensamento ou um sentimento. Você irá ver que no princípio isso é difícil.

Personalidades amadurecidas, que já evoluíram a um plano mais elevado de consciência, não irão deixar todos os tipos de circunstâncias influenciá-los e a partir daí, suas auras. Estas, irão irradiar harmoniosamente e influenciar seu ambiente de maneira positiva. A aura também serve como proteção. Somente uma pessoa com um campo de energia fraco estará à mercê de influências externas que possam enfraquecer. Quando corpo, mente e alma estão equilibrados, estamos cercados por uma aura forte e poderosa. Temos bastante estabilidade para nos afastarmos de influências em desarmonia que provêm do ambiente.

Estão aumentando os problemas ambientais e de poluição do "mundo interior" e nossas condições de vida estão se alterando. Portanto, devemos ter como meta, o equilíbrio do corpo, da mente e da alma. Isso irá criar um forte campo de energia eletromagnética. De que outra maneira podemos compreender que muitas pessoas têm um poder e um carisma que pode nos influenciar positivamente? Talvez agora possa entender o fenômeno das "pessoas santas". Na presença de uma pessoa "santa" ou "iluminada", sente-se um amor e paz intensos, sem entender este pensamento de forma intelectual. Tal pessoa irradia estas qualidades, mesmo sem nenhuma façanha, somente através de sua aura, e todo mundo ao redor pode sentir isso.

Se estiver interessado em relatos de videntes de aura ou sensitivos, há muitos livros recomendados na bibliografia. A Fotografia das Imagens da Aura foi capaz de confirmar estas colocações, pela primeira vez, através de meios técnicos, visuais. A Fotografia das Imagens da Aura nos capacita a mostrar o campo eletromagnético do corpo. Podemos comparar as colocações dos clarividentes a fim de pesquisar sobre a Fotografia das Imagens da Aura e daí por diante, ter novos padrões da estrutura de nossa energia sutil.

VII. Fotografia da Aura

Fotografia Kirlian

A eletrofotografia ou os registros dos campos de energia elétrica num filme virgem não é coisa nova. Bem antes de Semyon D. Kirlian ter começado seu trabalho nos anos 30 e 40 na Rússia, os cientistas já vinham lidando com a eletrofotografia. Michael Faraday, Nikola Tesla e Thomas Edison são somente alguns dos que enveredaram pelos mistérios da energia sutil no corpo e na aura humana. Perto da virada do século, Nikola Tesla fotografou não somente as auras das pontas dos dedos, mas também as auras do corpo inteiro.

Nos anos quarenta, foram levados a efeito os primeiros experimentos no tocante à energia corporal. Esta energia corporal é um campo sutil que envolve os organismos vivos. Desde então, muitos pesquisadores e cientistas vêm lidando com este assunto. Provavelmente o mais conhecido é o russo S. D. Kirlian, que desenvolveu a fotografia Kirlian, uma tecnologia com a qual ele foi capaz de registrar os campos de energia sutil em torno dos organismos vivos.

A eletrofotografia geralmente se refere a um fenômeno conhecido como "descarga de coroa". A coroa é o resultado de descarga eletrônica, e aparecem milhões de elétrons. Estes elétrons se movem do objeto para o filme fotográfico. Dependendo do tipo de filme e gerador elétrico, podem surgir belas cores e padrões de descarga.

Na fotografia Kirlian, o indivíduo coloca as mãos, geralmente junto com os pés, numa chapa que está conectada a um gerador de alta freqüência. Num curto espaço de tempo, a mão fica exposta a raios de alta freqüência por meio da chapa. A reação das mãos e dos pés é registrada em papel fotográfico. Após a revelação do filme, a foto Kirlian se parece com isso:

Ilustração 18

Fotografia Kirlian da mão e do pé

Cada ponta de dedo está em firme contato com a chapa de alta freqüência e cada uma delas apresenta uma emanação. Como pode ser explicada esta descarga de coroa? Por que este padrão se desenvolve em redor dos dedos?

Pela acupuntura, sabemos que muitos trajetos de energia percorrem o corpo inteiro. Podemos imaginar estes meridianos como um sistema ainda mais sutil do que o sistema nervoso. Determinados pontos centrais na pele e pontos na extremidade dos meridianos são conhecidos como pontos de acupuntura. Estes pontos vibram de acordo com diversos órgãos. Estimulando-os com uma agulha de acupuntura ou por meio de acupressura (massagem com pressão leve) os respectivos órgãos podem ser recarregados com energia vital, também chamada "chi". Estimulando-se, por exemplo, um ponto de acupuntura do meridiano do fígado com uma agulha ou através de pressão, ativa-se o fígado ou outras partes do corpo conectadas a este meridiano.

A fotografia Kirlian foi capaz de confirmar este conhecimento da medicina chinesa. Ela mostrou que determinados pontos de ressonância na mão, ou antes, na ponta dos dedos, estão conectados ao respectivos trajetos de acupuntura. Quando descobrimos irregularidades numa área, pela foto Kirlian, podemos concluir através dos pontos de ressonância na ponta dos dedos ou da mão, que há energia bloqueada no corpo. Em nosso exemplo: se a área do ponto do fígado, mostra pouca emanação ou uma emanação muito forte, podemos garantir que a energia do meridiano do fígado ou de outras partes do corpo, em conexão, estão congestionadas.

Um dos fenômenos mais interessantes em eletrofotografia, é o efeito da "folha fantasma". Muitos pesquisadores, incluindo Allen Detrick e I. Dumitrescu, descobriram um campo de energia em torno dos organismos vivos. Quando cortaram uma folha ao meio, ficaram surpresos ao verificar que podiam mostrar em torno de cada metade separada, uma emanação em forma da folha toda. Mesmo que uma parte física da folha não estivesse mais presente, um campo de energia sutil continuava a existir com a mesma forma da folha original.

Ilustração 19

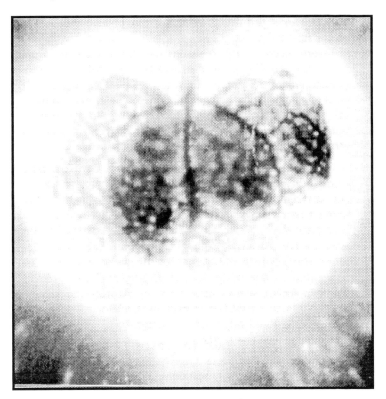

Foto Kirlian de uma folha

Algumas teorias dizem que a assim chamada dor do "membro fantasma" pode ser um fenômeno semelhante. Após uma amputação, muitas pessoas ainda sentem dor naquela área.

Embora o membro físico não mais exista, o campo de energia, comprovado pela fotografia Kirlian, parece continuar a causar dor.

Ilustração 20

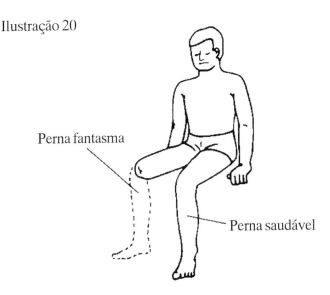

Perna fantasma

Perna saudável

Embora a fotografia Kirlian tenha sido pesquisada e aplicada por mais de cinqüenta anos, muitos segredos ainda estão por explicar. O funcionamento da fotografia Kirlian é o seguinte:

Visualmente, a fotografia Kirlian representa o corpo etérico e o corpo fisioelétrico de um ser humano. Mostra como o corpo reage à estimulação elétrica, e registra estas alterações no filme. Como na iridologia e na reflexologia, a fotografia Kirlian usa pontos de reflexologia para mostrar condições orgânicas do corpo humano. Já que um órgão bloqueado ou enfraquecido é equivalente a um nervo bloqueado, somente uma pequena ou nenhuma mudança elétrica pode ser mostrada nos pontos de reflexologia.

Dessa forma, o objeto fotografado e a freqüência usada no esquema da foto Kirlian devem vibrar um junto com o outro.

No efeito da folha fantasma, a freqüência produzida e o campo de energia etérica vibram. A estrutura etérica está associada a um espectro vibratório mais elevado, uma oitava mais alta, portanto, matéria física. No entanto, quando corretamente aplicada, a fotografia Kirlian é capaz de mostrar a energia etérica.

Podemos entender este processo melhor, com o exemplo a seguir. Quando se toca um Dó baixo no piano, esta corda vibra na respectiva freqüência. Esta vibração faz com que outras cordas de outras oitavas vibrem. Então, ao tocarmos o Dó baixo, o Dó alto também irá vibrar, como um som harmônico. A fotografia Kirlian aplica este princípio. A energia elétrica faz com que os elétrons na oitava da matéria física se movam. Ao mesmo tempo, uma oitava mais alta, o tom que ressoa é estimulado no campo de energia etérica. Dessa forma a energia Kirlian mostra a interação do campo etérico com o campo elétrico produzido pela câmera Kirlian.

Ilustração 21

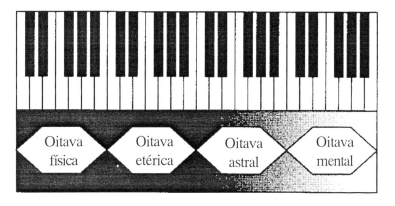

Nos últimos anos, muitos médicos, naturopatas e terapeutas têm usado a fotografia Kirlian para diagnóstico e prevenção de doenças reconhecendo bloqueios de energia em estágio inicial. Ficou provado que tanto fatores externos quanto internos (como pensamento positivo e negativo) influenciam fortemente nosso sistema energético. Para estudos posteriores, recomendo os livros de Peter Mandel. Ele desenvolveu seu próprio sistema de diagnóstico, o diagnóstico dos pontos de energia, um desenvolvimento posterior da fotografia Kirlian. O sistema de Mandel, tem tido muito sucesso.

Fotografia da aura

A eletrofotografia mostra a descarga da coroa, que é a forma do corpo físico e etérico reagirem a um potencial de alta voltagem elétrica. Um usuário treinado em fotografia Kirlian, pode descrever a partir dessas fotos, com precisão, onde estão localizados os desequilíbrios de energia e, portanto, os problemas físicos e as doenças.

Gostaria de fazer um rápido sumário dos pontos importantes acerca dos campos de energia sutil: como vimos nos capítulos anteriores, os humanos geralmente não são capazes de transcender as limitações de seus cinco sentidos. Não podem perceber os campos de energia sutil. Há porém muitas pessoas que são capazes de sentir ou ver a aura. Dependendo das capacidades de um clarividente, ele ou ela podem perceber diversas áreas do campo de energia sutil. Sem sabê-lo, muitas pessoas podem ver parcialmente o campo etérico. Este biocampo emana do corpo em cerca de meia a duas polegadas.

O próximo passo seria perceber o campo eletromagnético de energia. O campo de energia eletromagnética surge do fluxo das correntes energéticas no corpo. Quando falamos sobre a aura, estamos falando principalmente desta parte da existência humana. Freqüentemente os corpos humanos dimensionais mais elevados são também chamados de "aura". Diferenciamos porém e usamos os termos "corpo astral/emocional", "corpo mental" e "corpo espiritual". As energias mais altas do corpo refletem os aspectos emocional, mental e espiritual de nossa personalidade. Podemos influenciá-los através de alterações contínuas e conscientes de nosso comportamento. Os indivíduos com vivências emocionais muito desequilibradas, podem amadurecer passando a personalidades emocionalmente equilibradas, aumentando seu esclarecimento e usando terapias apropriadas ou meditação. Mas esta alteração de personalidade é um processo que requer tempo.

O campo eletromagnético reage mais rapidamente à influências internas e externas e por isso muda com mais freqüência. A forma e composição de cor da aura podem variar de acordo com o estado da mente ou de humor. Mas raramente irá mudar ao extremo dentro de pouco tempo.

Já que o campo de energia eletromagnética está conectado aos corpos energéticos mais elevados, pode indicar a natureza do corpo, mente e alma. Pode nos informar acerca da estrutura da personalidade das pessoas, seus sentimentos, talentos, desejos e estruturas energéticas. Os planos físico, mental e espiritual de todas as pessoas têm um índice vibratório único. Por isso, cores diferentes ou combinações de cores dos respectivos planos vibratórios refletem estes três planos da personalidade.

Desenvolvimento da Câmera de Aura

Um instituto americano de pesquisas, desenvolveu testes para medir o campo eletromagnético. Um deles desejava registrar as reações da palma da mão de um indivíduo com um sensor elétrico. Pareceu ser necessário um meio ou medida padrão para medir um campo de energia existente momentaneamente em volta do corpo. Pareceu óbvio usar as mãos como forma de medição. Sabemos pela acupuntura que os trajetos de energia, os meridianos, correm pelo corpo inteiro. Os meridianos são conectados a todas as partes do corpo, incluindo os diversos órgãos. Este conhecimento é usado em reflexologia para equilibrar e harmonizar órgãos específicos. Isto é feito, pressionando e estimulando os pontos de reflexologia. A mão, assim como o pé e a orelha, contêm todos os órgãos e o organismo inteiro a nível de energias sutis.

Os indivíduos foram induzidos a diferentes estados emocionais e mentais, visualizações e recordações, como acidentes e experiências da infância. Foram solicitados a entrar em contato com estes estados. Durante os testes, os clarividentes que puderam ver as auras das pessoas, observaram composição de cores e formas e alterações na aura. Uma série de experimentos estabeleceu uma conexão entre determinados pontos de ressonância na mão, ou antes o resultado dos testes eletromagnéticos e a aura. Dessa forma, não somente os órgãos estão conectados através dos pontos de reflexologia no corpo, mas também o campo de energia humana está conectado a determinados pontos correspondentes na mão.

Inspirado no resultado desses testes, foi desenvolvida a câmera Aura Spectrophotometer. Pela primeira vez, foi possível gerar uma representação fotográfica da aura. Isto não é tecnologia de alta freqüência, mas um procedimento de medição ótica. A câmera Aura Spectrophotometer 2100 é, portanto, um novo conceito de fotografia da aura.

Finos sensores, escaneiam e medem o campo de energia eletromagnética da mão. Os valores mensurados, representam diferentes índices vibratórios e a partir daí, cores diferentes. A informação é então transferida para a câmera, e traduzida para as vibrações de cores correspondentes. A combinação de cores resultante, corresponde exatamente ao campo de energia único de uma pessoa. O sistema ótico produz então uma foto Polaroid de alta qualidade, que mostra as vibrações de cor individuais.

VIII. Fotos da Aura com sua Interpretação

Esta seção apresenta alguns testes levados a efeito com Sistemas de Imagem de Aura e seus resultados. Os diversos quadros da aura, sobre o mesmo assunto, foram feitos durante experimentos diferentes. Você pode usar estas descrições como referência, quando interpretar sua própria foto da aura.

Gostaríamos de enfatizar que para problemas físicos ou outros problemas de saúde, você deve sempre consultar um médico, naturopata ou terapeuta competente. Os princípios delineados neste livro, não podem de maneira alguma substituir o trabalho médico ou terapêutico. Eles podem nos informar sobre nossa consciência, nosso verdadeiro Eu, e sobre os processos de energia em nosso corpo. À medida que aprendemos mais acerca de nossos padrões comportamentais e pessoais, podemos então trabalhar para prevenir os prejuízos ao nosso bem-estar. Para uma análise e interpretação detalhada de sua foto da aura, consulte um conselheiro ou terapeuta experiente em Aura Imagem.

Pessoa I: M

Foto I. 1: Esta foto mostra um campo de energia vermelho-amarela que focaliza principalmente a cabeça de M. Esta foto foi tomada após a pessoa ter dirigido por sete horas, e indica uma condição generalizada de cansaço, vista principalmente nos tons escuros de vermelho e amarelo. Neste momento, a atenção, ou consciência, está centrada no primeiro e no segundo chacras. M. estava lidando com realidades físicas e emocionais – o stress de guiar. A forma irregular do campo de energia, com muitos "buracos" e "cortes" também indica a condição de desequilíbrio. Na área do chacra da coroa, bem acima da cabeça, você pode ver um amarelo escuro-marrom. Muitas pessoas passam por esta combinação de cores com pressão emocional, sensações de peso, depressão, ou descontentamento ou até com dores de cabeça e enxaqueca. Neste caso, devido a ter guiado por muito tempo e estar cansada, M. sente que a corrente energética em seu corpo está desequilibrada e aparece na cabeça, em forma de enxaqueca, e na área dos ombros como tensão. A tendência à tensão e dor nos ombros, pode freqüentemente ser vista na aura e mostra quando as cores estão mais fracas, ou que a aura não continua a fluir para baixo em direção às áreas da garganta e do coração.

Foto I. 2: Foi tirada logo após a foto I.1. Antes da exposição, M. usou o óleo brilhante Wekroma. De acordo com o Sr. Werner Kropp, um cientista suíço, este óleo bioenergético aumenta o frescor físico e mental, e ativa a energia de "luz" de alta vibração no corpo. Poucos minutos após esfregar o óleo brilhante nas áreas da cabeça e da garganta, surgiu na foto da aura da pessoa uma energia amarelo brilhante muito reluzente e forte. A comparação da foto I.1 e da foto I.2 mostra de imediato uma alteração. Cores e forma da aura ficam muito mais vívidas e equilibradas. A cor primária no pano de fundo da foto I.2 é um vermelho vivo (vitalidade), sobreposto pelo amarelo-dourado forte (energia de luz). O óleo brilhante também foi aplicado à parte superior da coluna, e mostra que a energia constituída na área do ombro também ficou equilibrada. Muitos experimentos conduzidos com o óleo brilhante freqüentemente resultaram no mesmo fenômeno. Após aplicar o óleo brilhante, a aura muda para uma cor amarelo-dourada, indicando que o óleo bioenergético tem a capacidade de alterar sensivelmente os percursos de energia, e que estas alterações aparecem na aura.

Foto I. 3: Esta foto foi tirada durante uma exposição muito extenuante. Durante o dia inteiro, M. esteve ocupada interpretando fotos da aura e consultando clientes. Há algo interessante na forma pela qual esta foto se parece com a foto I. 1. No momento em que a fotografia foi tirada, M. se sentia extremamente cansada. Assim como na foto I.1, esta condição mostra um matiz amarelo-marrom no chacra da coroa. Também, a distribuição de cores e a forma da aura estão desequilibradas. Nesta foto, a intuição bem desenvolvida da pessoa aparece como um vermelho, com um tom cor-de-rosa-violeta. O violeta, em particular, do lado esquerdo do corpo, na área da garganta, indica um centro laríngeo muito ativo e criativo, uma comunicação intuitiva. O poderoso violeta na área da garganta significa que estas pessoas são capazes de expressar a si mesmas de forma livre e criativa. Como na foto I. 1, o stress mostra na área do chacra da coroa, um matiz amarelo-escuro. Nesta foto da aura, o primeiro e segundo chacras (físico, emocional) e o sétimo chacra (intuição) estavam novamente ativos. Os consultores profissionais e terapeutas relatam com freqüência terem sentido cansaço após muitas horas de trabalho. Muitas curas ocorrem porque o terapeuta escuta os problemas dos pacientes e retira a energia negativa da pessoa durante o processo. Já que os terapeutas abrem a si mesmos e conseqüentemente seu campo de energia, eles podem relatar desconforto físico em seus próprios corpos após as suas sessões com os clientes.

Isso também acontece com muitas pessoas na vida diária. Falamos com alguém sobre coisas triviais. Repentinamente nos sentimos exaustos, ou sentimos alguma sensação nova em nosso corpo.

A foto I. 3 mostra um fenômeno parecido. Quando nos abrimos psicologicamente à outra pessoa, conscientemente ou não, na maioria das vezes inconscientemente, podemos absorver as vibrações não harmoniosas dessa pessoa. Sentimos sua dor ou problemas emocionais em nosso próprio corpo. As pessoas sensíveis estão particularmente propensas a isso. Embora este fenômeno exista, um curador que capte uma dor ou doença de alguém a fim de curá-lo, ainda não há explicação na ciência ortodoxa.

Foto I. 4: Esta foto de aura, pode ser dividia em duas partes: a parte superior mostra azul, lavanda branco, a parte inferior um vermelho com um semitom de laranja-amarelo. O branco poderoso na área da cabeça indica que a atenção está fortemente dirigida ao reino mental-espiritual, mas também pode significar desistência ou introversão. Por outro lado, a pessoa pode apenas não querer lidar com a realidade física, e pode querer escapar pela fantasia ou o prazer. Podemos observar este fenômeno em muitas pessoas. No momento em que a fotografia foi tirada, a pessoa se sentia muito tensa internamente, e não queria se comunicar com ninguém. Na realidade, ela precisava estar muito ativa e extrovertida num ambiente agitado com muita ação e muitas pessoas. O tom amarelado na área da garganta, representa um bloqueio ou aversão à comunicação. O vermelho e o laranja mostram a atividade externa, a extroversão, que não está em harmonia com sua inclinação natural em direção à reticência e ao retiro

Foto I. 5: As cores e formas desta aura, fluem muito levemente, sem quaisquer cores sujas ou bloqueios de energia. A energia da aura parece circundar de maneira uniforme o corpo, ininterruptamente. Uma mistura de vermelho e um branco forte produzem um cor-de-rosa-violeta harmonioso. Um leve anel esbranquiçado-rosa-vermelho circunda de perto o corpo inteiro, indicando uma natureza amorosa e espiritual. Isto é encontrado freqüentemente nas pessoas que têm estado envolvidas em técnicas de expansão da consciência e meditação regular.

Esta foto de energia foi tirada após uma sessão de uma hora com mantras, música e canções Védicas. A música, visualização e o entoar de palavras específicas como som de meditação OM, têm como meta regenerar o organismo inteiro, equilibrando os centros energéticos do corpo e alinhando o espírito com o Eu divino. Esta foto mostra que a pessoa irradia uma atitude de cuidados e positiva em relação à vida, isenta de materialismo, e envolvida com atividades criativas, artísticas ou de cura.

Foto I. 6: Uma lei conhecida em metafísica (significando que quem vai além geralmente conhece física) diz: "A energia segue o pensamento". A energia potencial está sempre latente, em estado de repouso. A idéia ou pensamento existe primeiro, antes de algo físico começar a se mover ou manifestar. Os seres humanos são, então, o que eles pensam. Eles criam sua realidade através do pensamento. Antes da foto ser tirada, M. disse: "Tudo bem, vou visualizar azul na minha aura". Devemos dizer que esta pessoa tem uma certa afinidade com esta cor. Ela pode imaginá-la bem e freqüentemente a vê durante a meditação. Após a visualização, o azul é realmente visto na foto da aura! O azul com um tom levemente esbranquiçado indica atividade dos centros de energia mais elevados e mais espirituais e criativos, e uma consciência dirigida para dentro, isto é, a forma da aura está bem junto ao corpo. A Fotografia da Imagem da Aura pode mostrar, tecnologicamente, aquilo que os clarividentes e clariaudientes sabem há muito tempo.

A visualização, ou o poder do pensamento, não é fantasia, mas influencia atualmente nossa consciência, nosso corpo sutil e, portanto, nossa realidade.

Foto I. 7: Também tirada após meditação com mantras. Dessa vez, foi escolhida uma forma de meditação que ativa a energia solar no corpo. A energia do sol, nossa principal fonte de energia, é distribuída em nosso corpo através do centro do plexo solar, e pode ser ativada por determinados sons padrão e mantras (palavras sagradas para ativação de energias específicas). Esta foto de aura mostra este fato muito claramente. A meditação faz com que irradie uma poderosa cor amarelo-dourada.

Pessoa II: J.

Foto II. 1: Contrastando com as outras fotos, esta imagem da aura mostra uma luz vermelha com um toque de violeta centralizando, principalmente em torno da cabeça, enquanto continua a fluir levemente para baixo. Esta forma ocorre com freqüência com as pessoas nervosas e desassossegadas. Uma energia branco-violeta bem junto, em torno ao corpo, indica que uma energia vibratória mais elevada está fluindo pelo corpo, enquanto não completamente integrada. Nesta foto, o campo da energia violeta circunda principalmente os chacras da coroa e da testa, significando boa intuição e forte tendência a adquirir conhecimento de forma intuitiva.

Foto II. 2: Tirada após um exercício de Reiki. Reiki é uma antiga técnica de autocura e relaxamento para ativação da energia vital. Esta energia vital é induzida pela imposição de mãos e visualização de símbolos. Comparada à foto anterior, o campo de energia inteiro de J., está muito mais harmonioso e equilibrado. A cor branco-violeta se espalhou pela área da cabeça através da parte superior do corpo. Esta forma de aura está mais próxima ao corpo, mostrando uma forte integração e estabilidade emocional. O vermelho-violeta contra o fundo branco, indica um fluxo de energia de alta vibração, curador e equilibrado, fluindo pelo corpo.

Foto II. 3: De uma certa forma semelhante as duas fotos anteriores. Mas além do vermelho-violeta, um matiz amarelo circunda a cabeça. Na foto I. 6, M. demonstra que nossos pensamentos desempenham um papel muito importante ao alterar e criar nossa realidade física. Uma aura azul foi desenvolvida após visualizar a cor azul. Da mesma forma, o plano aqui é demonstrar a visualização de cores. J. tentou ligar-se mentalmente a uma planta e à cor verde. Quando alguém sintoniza a si mesmo mentalmente com alguma coisa, a atenção e a energia se concentram na testa e na metade superior da cabeça. Com os olhos fechados, visualize, por exemplo, uma planta ou um objeto. Você pode olhar para esta imagem com o olho "interior" ou "mental". Na foto da aura, isto é mostrado com uma energia amarela em torno da cabeça, especialmente ao nível da testa e acima do chacra da coroa. Neste experimento, o intelecto é que foi conscientemente ativado e usado, uma visualização que une pensamento e sentimento.

Foto II. 4: Nesta foto, como na maioria das fotos da aura de J., a energia mais forte está concentrada na área da cabeça. Quando uma foto de aura mostra uma alta concentração de branco pairando, a pessoa freqüentemente tem problemas físicos na área respectiva, ou pode indicar congestão de energia. Dependendo da posição da cor, indica suscetibilidade à enxaquecas, tensão na garganta ou ombros, problemas respiratórios ou cardíacos. Onde provavelmente houver um tipo de problema de saúde, a cor branca geralmente tem alta concentração em cima de uma área problemática.

Devido ao stress e outros desequilíbrios, J. tem sentido uma intensa pressão na área da cabeça, freqüentemente com cansaço visual, tensão na testa ou uma sensação de desconforto geral. Estas constituições de energia, podem ser facilmente reconhecidas por sua cor esbranquiçada-marrom, particularmente no lado direito da testa e do ombro esquerdo. Já que o amarelo se relaciona ao plexo solar, esta cor no chacra da coroa indica que a pessoa faz esforço para afirmar sua personalidade e vontade. Talvez tente equilibrar e remediar situações problemáticas com esforço pessoal e energia extras.

Foto II. 5: Um beijo e um abraço pela manhã podem iluminar a aura. A energia sexual ou kundalini é uma energia muito importante em nosso corpo e é ativada especialmente quando alguém está amando, junto ao par, ou ao ter sensações sensuais ou eróticas. Esta energia se mostra na aura, como um vermelho radiante, muito leve. A aura não está presa ao corpo, mas se irradia para fora, indicando atração, abertura emocional, estando pronta para se ligar às energias apaixonadas, pensamentos e sentimentos de outrem.

Foto II. 6: J. está usando na cabeça uma pirâmide de metais diferentes – titânio e ouro. Um belo branco-violeta aparece bem acima do topo da pirâmide. O indivíduo usou a pirâmide na cabeça por cerca de meia hora. Sentiu uma energia refrescante e poderosa na área da cabeça. Por meio de sua forma, a pirâmide é capaz de centrar energias cósmicas e passá-las às pessoas ou objetos. Aqui, o aumento de vibração (violeta-branco) não é causado por concentração mental, mas antes, pela aplicação da energia da pirâmide. Quando conscientemente usadas, as pirâmides podem ativar e harmonizar os centros energéticos no corpo e ajudar a expandir nossa consciência. Por meio da Fotografia das Imagens da Aura, registramos repetidamente o efeito positivo das pirâmides no corpo humano.

Pessoa III: F.

Foto III. 1: F., um suíço, pode perceber visualmente os campos energéticos das pessoas, reconhecer doenças e curá-las com um poder curador mental. O violeta muito poderoso, em combinação com vermelho, indica suas capacidades mediúnicas e sua personalidade extremamente carismática. O violeta não está somente em torno da cabeça, mas também nas áreas da garganta e do coração. Isto mostra que ele pode projetar para fora suas energias criativas e curativas. O amarelo-laranja focalizado na área do cérebro pode ser causado pela concentração mental no momento em que a foto foi tirada. F. diz que sente intensa energia ou calor no corpo quando se sintoniza com a energia curativa. Desejamos fotografar a alteração da aura durante este processo. Após F. ter sintonizado a si mesmo, com a energia curativa, foi tirada a foto 2.

Foto III. 2: Demonstra que o indivíduo pode sintonizar a si mesmo com a energia curativa divina dentro de um curto espaço de tempo e dirigi-la. O branco forte na área da cabeça mostra de maneira clara, que uma energia altamente vibrante está sendo vertida. Esta força também é muito intensa na área da testa, indicando o poder da energia curativa de F. De maneira curiosa, as formas de aura nas fotos III. 1 e III. 2 são quase idênticas. Ambas mostram um campo poderoso de energia irradiando para fora. Somente a emanação próxima ao corpo mudou de intensidade e qualidade. Na foto 2, a atenção se desloca em direção ao sexto e sétimo chacras para permitir que as energias mentais fluam através do corpo. Para a maioria das pessoas, uma energia tão intensa seria extremamente difícil de se lidar no dia-a-dia. Já que a energia tende mais na direção do céu (os centros mais elevados de energia), a terra (os centros mais baixos de energia) tem pouca energia. Isso significa menos proteção contra as influências externas. Muitas pessoas envolvidas em atividades como meditação e cura, enfrentam este problema.

Foto III. 3: Esta foto foi tirada um pouco depois. F. contou que tinha acabado de dar um seminário muito cansativo acerca de cura pela fé e que se sentia completamente exausto. Ele não ficou contente com a foto resultante, mas que reflete exatamente seu estado. Amarelo em tom escuro, geralmente tem um efeito limitador. A aura junto ao corpo mostra que o indivíduo preferiria desistir e que não quer ser perturbado. Esta é uma tendência autoprotetora. Ele deseja ficar livre mais tarde de tendências invasivas e traumáticas. Estas três fotos mostram isso muito bem: quando lidar com energias e realidades mentais e psicológicas, a pessoa também reage intensamente às influências negativas.

Pessoa IV: S.

Foto IV. 1: S. mostra claramente os efeitos do "jet-lag". A foto da aura mostra fortes desequilíbrios. O anel verde-azulado apertado em volta do corpo, está perturbado e desigual na área da cabeça. O amarelo-vermelho no centro da coroa, o cérebro, e áreas dos ombros, indicam stress e tensão. O amarelo-vermelho no sétimo chacra pode representar transtornos no plexo solar e centro da base. A pessoa não parece "centrada" ou relaxada.

Foto IV. 2: O Projeto de Análise de Biocampo SE-5 pode medir e equilibrar as mais sutis correntes de energia no corpo (a informação pode ser obtida com o autor). Após usar rapidamente este projeto terapêutico, a aura de S. mudou a olhos vistos. O anel apertado de energia em torno do corpo pôde se reorganizar. A cor azulada indica que as energias do corpo estão sendo reequilibradas, mas que este processo ainda não se completou. É particularmente desvantajoso que o centro da coroa ainda pareça desigual. Nesta área, a energia (branco-azul) está mais concentrada do que no resto da aura. Ambas as fotos desta pessoa têm distribuição de energia semelhante. A aura é mais forte na região superior do corpo e enfraquece à medida em que desce. Tal pessoa tem uma mente livre, sempre ativa e deseja viver criativa e espontaneamente. Freqüentemente, uma pessoa com uma forma de aura como esta, tem uma tendência irresistível de mudar de lugar e raramente se estabelece em um local por muito tempo.

Pessoa V

O cientista Werner Kropp esteve envolvido em pesquisa bioenergética de diversas disciplinas, especialmente física e medicina. Os amigos o puseram ao par da Fotografia das Imagens da Aura e testamos os óleos bioenergéticos Wekroma* no laboratório de Kropp, numa série de experimentos. Avaliamos aqui os efeitos destes produtos com a Fotografia das Imagens da Aura.

Foto V. 1: Esta foto mostra um campo de energia vermelho-violeta com um tom amarelo claro na área da testa. A luz violeta indica fortes inclinações empáticas e intuitivas. O amarelo responde por um intelecto afiado e a capacidade de por idéias intuitivas em ação. Freqüentemente, um dos maiores problemas com muitos inventores e gênios de destaque é a incapacidade de traduzir idéias que possivelmente iriam abalar o mundo, para a realidade concreta. Tanto as qualidades de forte intuição quanto de capacidade analítica podem ser vistas nesta foto da aura. Aqui está uma personalidade capaz de levar adiante os talentos não usuais e originais para dentro do mundo...

Foto V. 2: Somente uns poucos minutos depois de tomar uma ampola de Nr. 205 (geralmente prescrita para pessoas muito doentes), a cor da aura mudou para um vermelho escuro potente, com um tom laranja claro. A forma do campo de energia é praticamente a mesma da foto V. 1. Normalmente, esta ampola é usada para ativar as últimas forças que sobrevivem numa pessoa. É tida como mobilizadora do poder autocurativo e faz com que o corpo se regenere. Esta foto de aura ilustra isso. O vermelho está associado ao primeiro chacra, simbolizando a vitalidade necessária para o prosseguimento da vida. O tom escuro da cor vermelha indica uma grande força física e energia. Não está enfatizada aqui uma vibração elevada ou espiritual, mas a força física da pessoa e a energia certamente estão aparentes.

Foto V. 3: A poderosa energia amarela nesta foto indica um plexo solar ativo. Este chacra regula nossa personalidade, os aspectos positivos e negativos do nosso ego. Quando nos empenhamos numa grande meta com todas as nossas forças, o plexo solar é particularmente ativado. Nesta foto da aura, o Sr. Kropp enfocou suas metas pessoais e projetos científicos, tendo como resultado um campo áurico amarelo forte. De forma muito interessante, fomos capazes de chegar a resultados semelhantes quando se pedia à pessoa que estava sendo fotografada, para se concentrar nas metas e buscas intelectuais.

Foto V. 4: Mostra a pessoa após uma breve sessão de acupuntura a laser. Um laser muito poderoso, especialmente desenvolvido, reforçado com campos vetoriais, foi direcionado ao lobo da orelha esquerda por alguns minutos. O branco muito intenso, mostra claramente um aumento no fluxo de energia. O branco forte não é de surpreender, desde que o laser, em conexão com campos vetoriais, representa uma fonte de energia preenchida por um alto plano vibratório. Esta foto mostra tons mais brilhantes que todas as fotos anteriores da pessoa.

Foto V. 5: Das muitas chapas que tiramos após aplicar produtos e tecnologias bioenergéticas, a foto a seguir é um interessante quadro da aura. A foto V. 5 do Sr. Kropp tem novamente um vermelho intenso no fundo. As áreas da garganta e do coração, mostram uma cor azul-branco leve. A esfera indica um centro da coroa mais ativo, uma abertura para as energias mais elevadas, mais espirituais e níveis mais altos de consciência. Esta foto da aura, foi tomada após a pessoa ter conscientemente sintonizado a si mesma com o arcanjo Gabriel. A mão esquerda estava pousada num quadro antigo do arcanjo. Esta foto mostra ser a pessoa um médium muito poderoso. Como ele enfocou o arcanjo Gabriel por somente alguns minutos, não foi o corpo inteiro que ficou envolto na luz branca. Para um contato mais profundo, geralmente é necessário mais descanso e desapego.

Pessoa VI: A.

Foto VI. 1: Esta aura se irradia amplamente para fora. Juntamente com a combinação de cores amarelo-laranja-vermelho, significa que A. tem muito bom coração, sendo um indivíduo sociável e extrovertido. A luz amarela ou laranja em torno do corpo, indicam uma personalidade feliz, descomplicada. O tom violeta-branco na área da cabeça é responsável por criatividade e empatia. Esta pessoa transborda vitalidade, mas às vezes tem problemas em centrar suas energias e dirigi-las apropriadamente.

Pessoa VII

Aqui, novamente, está uma outra aplicação dos produtos bioenergéticos, registrada nas fotos de aura. Aventurin foi formulado pela Sra. Dobler, que trabalha como pesquisadora de bioplasma no consultório de dermatologia de seu marido. Em seus trinta anos de pesquisa, ela desenvolveu muitos produtos bioenergéticos.

Foto VII. 1: Um verde leve envolve o corpo da pessoa, e o verde é reforçado por amarelo, principalmente no centro da coroa. Há também uma brecha, mas que aqui está preenchida com luz vermelha, e indica força intelectual, e um pensador racional. O vermelho combinado com a cor verde, indica uma boa conexão com a terra e a realidade material. O amarelo-verde no centro da coroa, indica um envolvimento consciente com o mundo exterior. Este padrão também mostra que a pessoa está experimentando grandes alterações em sua vida. A forma centrada da aura da pessoa, uniformemente distribuída em torno do corpo, significa seu efeito relaxante, calmante sobre as outras pessoas.

Foto VII. 2: Difere apenas levemente das fotos anteriores da aura. A forma é mais uniformemente equilibrada, as brechas na área cerebral desapareceram e o acúmulo de energia no centro da coroa ficou um tanto perdido. Esta foto foi tomada somente alguns minutos após aplicar gotas de Aventurin e cosméticos. Pode-se geralmente dizer que as alterações na aura parecem surgir após um curto espaço de tempo. Os sensitivos relatam ter testemunhado estas alterações no fluxo de energia cada vez mais. Estas assim chamadas observações subjetivas são reais, existindo fenômenos que começam a ser cientificamente provados, os quais esperamos sejam pesquisados em larga escala nos próximos anos.

Pessoa VIII

Foto VIII. 1: Mostra uma pessoa com um campo energético avermelhado, muito perto do corpo. Acima da cabeça há um branco-azul pálido e na área da testa um amarelo-laranja. O amarelo no centro intelectual, significa que a atenção da pessoa está mais focada aí. A informação é absorvida mentalmente. Por outro lado, o centro da coroa é muito ativo e tenta processar experiências a nível consciente e racionalmente. A forma da aura não está especificamente equilibrada; esta pessoa parece estar envolvida em muitas atividades diferentes.

Foto VIII. 2: Logo depois de aplicar os cremes dos cosméticos Aventurin, as energias físicas da pessoa estão sendo equilibradas e suavizadas. O vermelho está muito mais claro e brilhante, e a forma do campo de energia está mais unificado do que na foto 1. Já que o campo de energia está murchando para baixo, a harmonização ainda não foi completada. A atenção, o mais intenso acúmulo de energia, está na área da cabeça.

A falta de compreensão imediata a respeito da harmonização do campo magnético, não significa que a doença, ou um problema físico, emocional ou mental, desapareça imediatamente. Por outro lado, quanto mais nos aproximamos da causa do problema, mais rápido e facilmente o problema pode ser resolvido. Pode-se discutir quais os caminhos a trilhar, mas a medicina energética (formas de cura e terapia que integram o corpo, mente e alma através de técnicas sutis ou energéticas) foi capaz de provar nas últimas décadas, que até problemas de saúde e emocionais sérios, podem ser tratados e curados pelo tratamento contínuo, a longo prazo, dos sistemas de energia sutil.

Pessoa IX: M.

Foto IX. 1: Em meu ponto de vista, esta é uma das mais belas fotos de nossa documentação. É evidente que as crianças também podem ser fotografadas por meio de Sistemas de Imagens da Aura. A maioria das crianças ainda irradia uma inocência e pureza perdidas por muitos adultos. As crianças têm experiência de seu ambiente, através de olhos diferentes; eles freqüentemente vêem coisas que os adultos não mais podem ver.

Por isso, os adultos freqüentemente têm dificuldade de entender o mundo de seus filhos.

Esta foto de aura se divide em duas áreas: o belo azulado-branco que corresponde ao "céu" e o vermelho poderoso associado à "terra". Poder-se-ia dizer que esta criança vive num corpo físico, mas espiritualmente, pertence a um mundo diferente.

Pessoa X: R.

Foto X. 1: Mostra a pessoa após ter tomado diversos Florais de Bach. A área superior da cabeça tem uma poderosa cor amarelo-laranja, a parte inferior da cabeça e dos ombros uma cor azul-branco. A atividade corporal ascendeu. O amarelo-laranja nos sexto e sétimo chacras mostra que a pessoa está se inteirando das circunstâncias psicológicas e intelectuais. O amarelo no centro da coroa, indica que a pessoa está muito preocupada consigo mesma.

Foto X. 2: Verde é a cor da comunicação, da auto-expressão e da abertura. Esta foto de aura foi tirada durante um seminário. Ela estava pronta para um envolvimento, ou através da comunicação ou exercendo uma atividade. Uma aura verde emanando de maneira uniforme em torno do corpo, significa uma boa conexão do corpo, mente e espírito. Ela está firmemente presa à terra e abre seu coração às outras pessoas. Ao mesmo tempo, ela é receptiva ao estímulo mental. O verde poderoso embora leve é completado por uma cor azul-turqueza junto ao corpo, indicando uma energia curativa que percorre o corpo todo. Uma foto da aura, verde-azul, indica que os chacras do coração e da garganta estão abertos e há uma predisposição para amar, se comunicar, paciência em ouvir, e se ligar aos outros.

Foto X. 3: Tente interpretá-la você mesmo. As interpretações de cor dadas neste livro, serão úteis, mas você deve tentar examinar a foto da aura, usando seus próprios sentimentos e intuição. Por que a forma energética está próxima ao corpo? O que significam as cores branca e azul? Por que a aura está centrada principalmente na área superior da cabeça? Agora você deve realmente parar de ler e começar a examinar a foto?

Pessoa XI

Foto XI: Eis aqui a foto de uma sessão de cura holística numa demonstração.

Cura holística

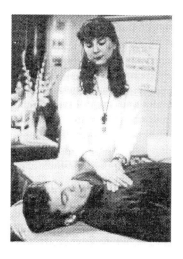

A câmera Biofeedback 3000 pode ser usada para demonstrar os efeitos de uma técnica específica de terapia. Para resultados melhores, tire as fotos das pessoas assim que entram no consultório e novamente após a sessão. Conserve o ambiente calmo e à temperatura constante de 22 graus °C que corresponde a 72 graus F. Observe as ligeiras alterações de cor. Uma alteração no tom, com as cores tendendo ao violeta, é normal para uma sessão terapêutica de sucesso.

Como Interpretar uma Foto da Aura

Uma foto da aura pode ser dividida em três partes diferentes para uma leitura mais rápida: o lado direito da foto, o lado esquerdo e o espaço bem acima da cabeça. O lado direito representa o princípio masculino, mais para o exterior, ou energia yang, aquilo que a pessoa está expressando, ou a personalidade que a pessoa representa para os outros no dia-a-dia. O lado direito também retrata o passado recente.

O lado esquerdo, por outro lado, simboliza o princípio feminino, energia yin, o que a pessoa está atraindo, ou o que está vindo para a sua vida. O lado esquerdo também representa o futuro próximo, desde umas poucas horas depois, até muitos meses à frente.

As cores no espaço acima da cabeça, definem o estado em que a pessoa se encontra no presente momento. Se houver uma faixa de cor diferente bem no topo da aura, esta cor pode simbolizar as aspirações, metas, ou desejos mais profundos da pessoa.

Por exemplo, se houver uma grande área vermelha do lado direito da foto da aura da pessoa, isto significa mais ou menos, que a pessoa está expressando bastante vitalidade, é extremamente ativa e emocionalmente extrovertida no seu dia-a-dia e, provavelmente, tenha passado por uma semana cheia de ocupações e desafios. Com um foco azul escuro bem acima da cabeça, você pode dizer com toda a propriedade, que a pessoa, no momento, está se dando um tempo para relaxar, ou se a área estiver muito escura e densa em aspecto, provavelmente signifique que ela está muito cansada, triste, ou talvez deprimida. Com verde à esquerda, você pode interpretar que a pessoa gostaria de adquirir alguma paz e tempo para cura em sua vida num futuro próximo, umas férias, ou uma mudança relaxante em seu planejamento héctico, podem ser de bom alvitre.

Cores brilhantes, vívidas, radiantes, geralmente mostram saúde, bem-estar e felicidade. Cores desbotadas, lavadas, indicam sensibilidade e uma natureza mais introvertida. Cores sujas e escuras, geralmente revelam tristeza, frustração emocional ou problemas de saúde.

O formato da aura também pode ser interpretado. Se uma aura parecer brilhante e se estender de forma ampla em torno da cabeça da pessoa, esta provavelmente esteja se sentindo feliz, otimista e bem consigo mesma e com a vida em geral.

Uma aura que pareça pequena e não irradie para longe em relação à cabeça, pode significar que a pessoa esteja infeliz, amedrontada, não integrada, doente ou incomunicável. Se o formato da aura parece uniforme de todos os lados, isto indica uma personalidade bem equilibrada, ou consistente. Brechas ou buracos escuros na aura, geralmente simbolizam uma perda ou algo que vai acontecer ou algo bastante significativo na vida da pessoa.

Listas não uniformes projetando-se da cabeça mostram nervosismo. Algumas vezes, aparece uma linha no topo da foto indo em direção ao centro da cabeça de uma pessoa e geralmente indica habilidade psíquica. Em algumas ocasiões surgem bolhas, órbitas, estrelas, faces e muitos outros símbolos misteriosos, e quem sabe de onde eles vêm!

Tudo o que você precisa conhecer, a fim de interpretar com sucesso, é primeiro entender o que significam todas as diferentes cores e formatos, depois observar em que posição as cores aparecem, e se lembrar o que aquela posição significa, depois notar o formato geral. Lembre-se de que as cores quentes, vermelho, amarelo e laranja, geralmente mostram extroversão, expressão, maneira prática de viver e vitalidade, enquanto que as cores mais frias, azul e verde, mostram mais sensibilidade, pacifismo, e uma natureza mais introspectiva e intuitiva. Violeta e branco indicam imaginação vivaz, magia e uma orientação espiritual em relação à vida.

Bibliografia

Mãos de Luz, Barbara Ann Brennan, 1987, Bantam Books.

Espreitando por trás do pêndulo irriquieto, Itzhak Bentov, Destiny Books, Rochester, VT.

A Cura pela Cor, Theo Gimbel, Edition C.W. Daniel Saffron Walden, UK.

Que se faça a luz, Darius Dinshah, Dinshah Health Society, Malaga, NJ.

A Morte da Ignorância, Dr. Fred Bell, Pyradyne, Laguna Beach, CA.

Medicina Vibracional, Richard Gerber, Bear & Co.

Ponha Cor em Sua Vida, Howard e Dorothy Sun, Piatkus Publisher, Londres.

Caro Leitor,

Se estiver interessado nos últimos lançamentos de Fotografias das Imagens da Aura, nas câmeras de aura, ou nos aura vídeos, querendo assistir conferências ou seminários ou se desejar tirar sua própria foto da aura, entre em contato com:

AURA VIDEO SYSTEMS
Prof. Leopoldo Kneit
Tel.: (021) 286-4781
Fax.: (0XX21) 537-9400
Cel.: (0XX21) 9997-3011
E–Mail.: topstar@topstar.med.br
Site: www.topstar.med.br

Foto I, 1

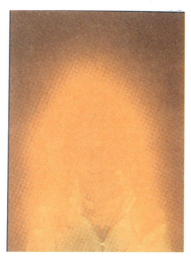

Foto I, 2

Foto I, 3

Foto I, 4

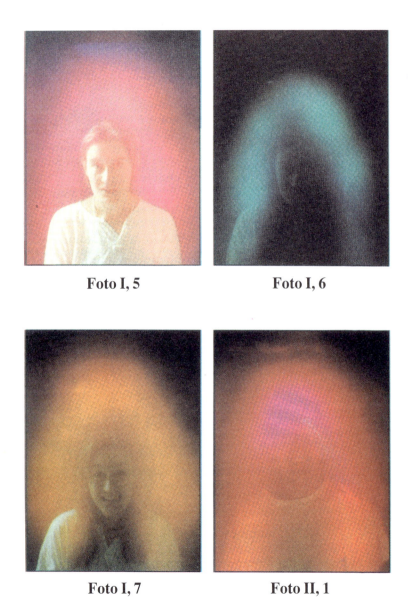

Foto II, 2

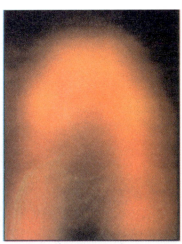

Foto II, 3

Foto II, 4

Foto II, 5

Foto II, 6

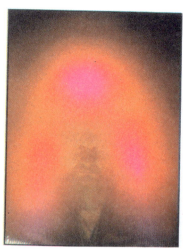
Foto III, 1

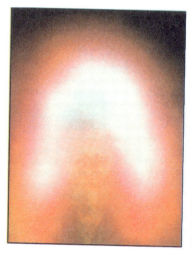
Foto III, 2

Foto III, 3

Foto IV, 1

Foto IV, 2

Foto V, 1

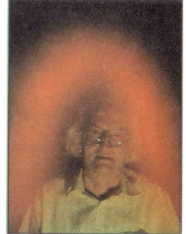
Foto V, 2

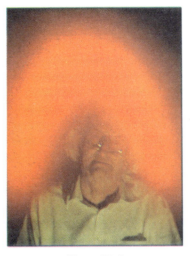
Foto V, 3

Foto V, 4

Foto V, 5

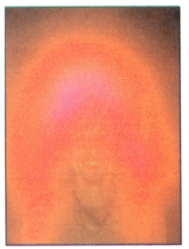
Foto VI, 1

Foto VII, 1

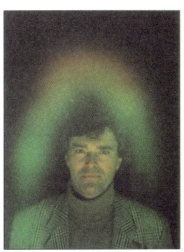
Foto VII, 2

Foto VIII, 1

Foto VIII, 2

Foto IX, 1

Foto X, 1

Foto X, 2

Foto X, 3